THE TEACH YOURSELF BOOKS

WELSH

**Uniform with this volume and
in the same series**

TEACH YOURSELF

WELSH

JOHN T. BOWEN B.A.(HONS.)
Late Senior Welsh Master, Aberdare Boys' Grammar School

T. J. RHYS JONES, M.A.
*County Language Advisor to the Carmarthenshire
Education Committee*

THE ENGLISH UNIVERSITIES PRESS LTD
ST. PAUL'S HOUSE WARWICK LANE
LONDON EC4

First printed 1960
This impression (with corrections) 1969

SBN 340 05829 3
*Made and Printed in Great Britain for the English Universities Press, Ltd., London
by C. Tinling & Co. Ltd., Liverpool, London and Prescot.*

PREFACE

'Nid hawdd bodloni pawb.'

All languages present difficulties to the learner but Welsh offers fewer than most others. Much of the vocabulary, especially in the early stages, can be mastered at a glance because a considerable number of words are alike in Welsh and English, sigaret (cigarette); coffi (coffee); cloc (clock); nofel (novel), etc. Compared with French or German, the Welsh verb is child's play and there are very few irregularities. Owing to its phonetic alphabet, the pronunciation of Welsh is far easier than that of most languages. In conversation, too, most Welsh people can speak English so that if you are at a loss, they can help you out. In short, everything is on your side except one great difficulty—mutation. This is of course a common feature of the Celtic group of languages—Latin, German, French, have endings, Welsh has beginnings! Let us give an example of mutation. The word for dog—'ci' can be spelt according to circumstances, ci, gi, nghi, chi. A dictionary, you feel, cannot help you much with such a task.

Now for some advice. You could, of course, disregard mutation and say 'ci' every time. You would sound strange but you would be understood. But no doubt you are a person who wants to speak and write correctly. Learn therefore the why and wherefore of mutation; you will find it fascinating and you will discover a new respect for your Welsh-speaking friends. In the first twenty chapters of our book, we have limited our vocabulary so that you can keep on practising it. Try to master this mutation: if necessary, do the first twenty chapters twice before going on to the last ten. If possible, do them once again. Remember the old saying 'three tries for a Welshman' (Tri chynnig i Gymro).

When you have worked conscientiously through this book, you should be able to speak Welsh, understand Welsh conversation and read an ordinary Welsh book. Is that a sufficient reward? Surely yes, but more will be added. If you are a Welshman, then you will be a proper Welshman, standing on his own feet, with his own language, his own heritage and not just a strange kind of Englishman. Remember 'Cenedl heb iaith, cenedl heb galon' (a Nation without language, a nation without heart).

5

How to use this book

This book was written with one purpose only—to help you to learn Welsh. It is not a Grammar, it is a teaching book. With its help you can acquire the kind of Welsh that will serve both in North and South Wales. Now for some advice.

Welsh is not a difficult language but it has to be treated with some consideration and respect or you will not get very far. Go through the grammar part of each lesson carefully before doing the exercises. Go slowly through each exercise, check carefully from the key and do not be afraid of working through each exercise more than once. Do not be in a hurry, a little every day is much better than concentrated work one day a week. If you can, work through the exercises backwards, using the key. Above all, do the first five chapters over and over again until you know them. After that you can safely skip along more quickly. Revise constantly; every five lessons, stop and work through the lessons again.

Try to master the mutations. Without a knowledge of them, you will soon be in difficulties. Let us quote from *The Sunday Times Travel and Holiday Guide to the British Isles:* 'Welsh is a baffling tongue. Initial letters and internal vowels change so often that nothing can be tracked down in a dictionary. *Cath* means "cat", but "the cat" is *y gath* and *plentyn*, "a child" becomes "fy *mhlentyn*" when one speaks of "my child".' If you have mastered these mutations, the above difficulties will hold no terrors for you.

The Appendices

At the back of the book, you will find several appendices. They are: (1) The tenses and meanings of the Regular verb. The tenses and meanings of BOD. The Passive Voice. The Endings of the Regular Verb. (2) An alphabetical list of Welsh verbs with their meanings and the constructions used with them. (3) A list of Welsh adjectives with their mutated forms in brackets so that you can make them feminine or change them into adverbs. (4) A list of Welsh Nouns, divided into Masculines and Feminines (their plurals are given in brackets) and in the case of the Feminines, the mutated form after y is given. (5) A list of Conjunctions, Adverbs, etc. (6) A list of Prepositions. (7) The Welsh names of places mentioned in the book. (8) A table of Mutations with the Rules of Mutation. (9) A list of the principal Irregular Verbs. (10) An English-Welsh vocabulary. Consult these after Lesson 10.

The English-Welsh vocabulary is put in for the sake of the student who has forgotten a word when doing the exercises

He will find the word in alphabetical order together with a number which will refer him to the appendix where he will find additional information.

Finally, write out your exercises because that is a good method of remembering things. Above all read out your Welsh aloud. Welsh is essentially a spoken language, a language of oratory and poetry. It is so much easier to learn and understand when spoken.

ACKNOWLEDGEMENTS

The authors would like to thank the Welsh Joint Education Committee, Cathedral Road, Cardiff for granting permission to reproduce extracts from the Welsh General Certificate of Education papers, the Gwasg Aberystwyth Press for allowing the authors to print as an example of the best Modern Welsh Prose—Golud Gwlad Myrddin by T. Gwynn Jones, and T. J. Evans, B.Sc., who drew the original map of Wales. The authors and publishers also wish to acknowledge their appreciation of the help given in the preparation and arrangement of this book by Mr. E. S. Jenkins, Senior Modern Language Master at the Chislehurst and Sidcup Grammar School for Boys. A late Chief Examiner in French to the Welsh Joint Education Committee and a former pupil of Mr. Bowen, he is proud to be associated with the writing of this book and thus to show his love for Wales and her ancient and virile language.

CONTENTS

Welsh is fairly phonetically written and each individual letter, with one or two exceptions, represents one sound only. The number of sounds that will be new are few, and when mastered, will present little or no difficulty.

Stress. The stress generally falls on the last-but-one syllable in the word, i.e. Llanélli, eistéddfod.

The Alphabet

The symbols of the International Phonetic Alphabet (IPA) are enclosed in [ ].

A [a:] (1) long as in the first *a* in Halleluja.

[a] (2) short as in the second *a* in Halleluj*a*.

B [b] as in English

C [k] as in 'cat' (never s). There is no k in Welsh.

CH [x] as in Scottish 'loch'. BACH (long A)=small. [J. S. Bach has frequently figured in music howlers in Wales as a Welsh musician!]

D [d] as in English, 'dog', 'devil', etc.

DD [ð] as 'th' in *this* (the softer sound of *th*). 'Though' in Welsh would be written 'ddo'.

E [e] (1) long sound. Pêl (a ball) like the clear vowel sound of 'a' in 'pale'.

[ɛ] (2) short as in pell-mell. Llanelli (short *a*, short *e*). Pen (a head).

F [v] as English v. Vandal in Welsh would be spelt 'fandal': final -f tends to disappear in modern spoken Welsh.

FF [f] as English f or ph. The Welsh for 'phone' is 'ffôn'.

G [g] as in 'get'. Gêm (game): never as in 'George'.

NG [ŋ] as in 'hang'. Note the position of this symbol in the Welsh alphabet. Llong (a ship). In a few words such as dangos (dang-gos) and Bangor (Ban-gor) as in English 'finger'. Never as in English 'angel'.

H [h] as in 'help', 'hand'. Never silent. Halen (long *a*, short *e*), salt.

I [i] (1) vowel, long like *ee* in n*ee*d. Mil (a thousand) pronounced like English 'meal'.

(2) short. Dim (nothing) pronounced like the English 'dim'.

[j] (3) consonant, like *y* in yard ('Iard' in Welsh). Arian (money), Iaith (language).

J [dʒ] only in borrowed words such as JAM (and Jones!)

L [l] as in 'lot'.

LL [ɬ] a consonant whose difficulty is much overrated, and which can easily be mastered with a little practice. Put the tip of the tongue against the roof

		of the mouth and hiss. Llan ('church' or 'village') Llan-gollen, Llanelli.
M [m]		as in English 'make'.
N [n]		as in English 'not'.
O [o] (1)		long, as in 'more'. (Welsh 'môr'-sea: 'tôn'-tone: the vowel has a pure vowel sound.)
[o] (2)		short, as in 'pot', 'not'. Ton (a wave).
P [p]		as in English 'pot'.
PH [f]		as in English 'pheasant'.
R [r]		is trilled as in 'robin', 'horrid'. fferm (a farm).
RH [ɽ]		r accompanied by an emission of breath (h). Rhedeg (to run).
S [s]		as in 'sat, never as in 'his'. Sosban (a saucepan).
SI [ʃ]		as English *sh*. Siop (shop), siarad (to speak).
T [t]		as in English. Testament (testament).
TH [θ]		as in '*think*' (not as in '*this*'). Anthem (anthem). Athro (a teacher).

U   (1)   long. In South Wales generally pronounced like [i]. In North Wales, it resembles an *ee* pronounced as far back in the throat as possible (without swallowing it entirely) [ɨ:] E.g. un (pronounced as *een*) one.

    (2)   short. S.W. [i]. N.W. [ɨ] pump (pronounced pimp), punt (pron. pin-t), papur pumpunt=a £5 note.

W [u:] (1)   long *oo* sound. 'ffŵl' (English 'fool'), drws (door).

[u] (2)   short *oo* sound. Twc (as English 'took'). Cwm (valley). The Western 'Cwm' on Everest was so named by Mallory, 'doubtless', according to Sir John Hunt, 'from affection for his Welsh climbing haunts'.

Y [i:] (1)   long clear sound. S.W. [i] N.W. [i:]. This sound (normally written y) will be denoted by the symbol ɥ in the pages of this book in order to distinguish it from the obscure sound which will be written y. Dɥn (pronounced like English 'dean') a man.

[i]   short clear sound. S.W. [i], N.W. [ɨ]. Brɥn, hill (pronounced like the first syllable in 'Brinley').

[ə] (2)   obscure sound [ə] like the vowels in *udder*, *fur*. YN (in). Both sounds are found in some words, e.g. hynnɥ (pronounced like English 'honey'), Cymrɥ (Welsh people) pronounced 'come-ree'. One of the most difficult letters for beginners, it has the clear sound generally if it occurs in the last syllable of a word or in a monosyllable, otherwise it has the obscure sound. However, Y, YR (the), fy (my), dy (thy), yn (in) have the obscure sound.

Diphthongs

The chief vowel comes first, but both are pronounced in quick succession, e.g. ae, ai, au, ei, eu, eu, aw, ew, i'w, uw, wu, oe, oi, ou, ow.

ae, ai, au	are pronounced like 'aye' (aye, sir) in English—the first diphthong slightly broader than the second.
ei, eu, eu	here the e has the obscure y sound. Teigar (English 'tiger'), creu (to create). The diphthongs are similarly pronounced. Tei (a tie) as in English, tie.
aw	aa-oo (the sound of ow in fowl). The first element slightly more emphatic than the second as in Brawd (brother).
ew	a slightly more difficult combination for the non-Welsh speaker. The e sound is an open one as in 'pell-mell'. The tendency to pronounce the Welsh 'dew' (a form of 'tew'-fat) as the English word 'dew' must be resisted.
iw, uw	pronounced somewhat like '(y)ew' in English: buw (to live).
wu	oo-ee, the first element longer than the second, as in 'wuth' (eight), ŵu (an egg), pwu? (who?).
oe, oi, ou	similar to oi in oil, with the variations of e and u noted above.

Accents

A circumflex accent over a vowel shows that the vowel is a long one: tŷ (tee), a house; gŵr (goor), a husband.

PERSONAL PRONOUNS
AND THE VERB 'TO BE'

(1) *Personal Pronouns*

I	: fi *or* i		we	: ni
thou	: ti*		you	: chwi*
he	: ef		they	: hwq
she	: hi			

In Welsh, all nouns are either masculine or feminine, so that there is no 'it': everything is a 'he' or a 'she'.

(2) *Present Tense of the verb BOD, 'to be'.*

yr wqf i : I am		yr ydqm ni	: we are
yr wqt ti : thou art		yr ydqch chwi	: you are
y mae ef : he is		y maent hwq	: they are
y mae hi : she is			

Note that (1) y and yr are here meaningless particles.

(2) the pronouns 'I', 'thou' etc., always follow the verb.

The usual place for the subject in Welsh is *after* the verb; a Welsh sentence usually goes like this: (1) Verb, (2) Subject, (3) Object, (4) the rest of the sentence.

Now look at these two sentences:—

Y mae'r bachgen = the boy is

Y mae'r bechgqn = the boys are

Note that (1) The subject 'boy', 'boys' come after the verb.

(2) The same word is used in Welsh for 'is' and 'are'. Y maent is only used when 'hwq' (they) is used with it: thus

y maent hwq = they are

but y mae'r bechgqn = the boys are.†

---

* Really both TI and CHWI correspond to the English YOU. CHWI is the normal polite form, and TI should be avoided until you know the language very well indeed! Cf. 'tu' and 'vous' in French, 'du' and 'Sie' in German, etc.

† In a normal Welsh sentence, the verb precedes the subject and when the subject is a noun or pronoun other than a personal pronoun, the Third Person Singular of the verb is used.

The Present Participle

The word 'yn' placed before a verb helps it to form its present participle:

darllen	: to read	yn darllen	: reading
eistedd	: to sit	yn eistedd	: sitting
sefyll	: to stand	yn sefyll	: standing
gweithio	: to work	yn gweithio	: working
chwarae	: to play	yn chwarae	: playing
dysgu	: to learn	yn dysgu	: learning
hoffi	: to like	yn hoffi	: liking

The Present Tense of Welsh verbs may be formed as in English by adding the Present Participle to the appropriate form of the verb BOD.

Yr wyf *i* yn darllen : I am reading, I read

* *or* Yr wyf i 'n darllen (Compare English 'I am reading' and 'I'm reading')

Yr wyt ti yn eistedd: thou art sitting

or Yr wyt ti'n eistedd

Y mae ef yn gweithio : he is working, he works

or Y mae e'n gweithio

Yr ydym ni yn dysgu darllen : we are learning to read

or Yr ydym ni'n dysgu darllen

Y mae'r bachgen yn gweithio : the boy is working

Y mae'r bechgyn yn chwarae : the boys are playing

Y maent hwy yn dysgu : they are learning

The Indefinite Article

There is no Welsh word for 'a' or 'an'.

Thus dyn = 'man' or 'a man'.

bachgen = 'boy' or 'a boy'.

Y mae dyn = 'a man is' or 'there is a man'.

The Definite Article

The Welsh equivalents for 'The' are y, yr *or* 'r.

Y is used before consonants: Y dyn, the man: Y dynion, the men.

Yr is used before vowels (a, e, i, o, u, w, y) and h: Yr afal, the apple, Yr afalau, the apples.

'r is used *after* vowels: Y mae'r dyn = the man is . . .

a'r afal: and the apple.

Y mae'r dyn a'r bachgen yn darllen : the man and the boy are reading.

* These contractions are very common (just like the English can't, shan't, I'll etc.). Yr ydych chwi yn eistedd generally becomes Rydych chi'n eistedd. However for the sake of clarity we shall generally write the verbs in full in our book.

VOCABULARY

mynd—to go
dysgu—to learn, to teach
gorwedd—to lie
hoffi—to like
chwarae—to play
darllen—to read
rhedeg—to run
canu—to sing, play (instrument)
eistedd—to sit
sefyll—to stand
cerdded—to walk
gwisgo—to wear
gweithio—to work
ysgrifennu—to write
a—and (ac before a vowel)
a'r—and the
ar—on
dan—under
drwy or trwy—through
drwy'r or trwy'r—through the
i—to, into
i'r—to the, into the
wrth—by, near
yn—in
Saesneg—English (language)
Cymraeg—Welsh (language)
awyren (or eroplên)—aeroplane

anthem—anthem
llyfr—book
bachgen—boy
bws—bus
eglwys—church
cloc—clock
ci—dog
drws—door
fferm—farm
cae—field
tân—fire
llawr—floor
het—hat
tŷ—house
map—map
enw—name
papur—paper
piano—piano
afon—river
ffordd—road
ystafell—room
eira—snow
haf—summer
haul—sun
bwrdd—table
mur—wall
ffenestr—window
heno—tonight
heddiw—today

Exercise 1. Put the correct definite article (y or yr) before each of the following:— llyfr, drws, cae, het, mur, awyren, enw, ystafell, papur, cloc.

Exercise 2. Put into English:— 1. Y mae'r llyfr dan y ffenestr. 2. Y mae'r eira ar y cae. 3. Yr wyf i yn ysgrifennu ar y papur. 4. Y mae ef yn rhedeg drwy'r eira i'r cae. 5. Yr wyf i yn hoffi eistedd yn yr haul yn yr haf. 6. Y mae'r cloc ar y bwrdd yn y tŷ. 7. Y mae hi yn gwisgo het. 8. Yr ydych chwi yn mynd trwy'r afon. 9. Y mae'r ci yn gorwedd dan y bwrdd. 10. Y mae'r bachgen yn darllen llyfr yn y tŷ wrth y tân.

Exercise 3. Put into Welsh:—1. The aeroplane is in the field. 2. The dog is lying under the table in the house. 3. You are writing on the book. 4. The boy is reading the book and the

paper. 5. She is running through the field. 6. There is a hat
(=a hat is) on the table by the window. 7. They are singing
the anthem in the church. 8. He is walking through the door
into the room. 9. The farm is near the river. 10. We are learning
to write Welsh tonight.

Exercise 4. Put into English:— 1. Y mae bachgen yn
chwarae yn y cae. 2. Yr ydym ni'n dysgu darllen Saesneg.
3. Y mae map ar y mur. 4. Yr ydych chwi'n dysgu ysgrifennu
heddiw. 5. Yr wyf i'n hoffi ysgrifennu a darllen. 6. Yr ydych
chwi'n sefyll wrth y tân. 7. Y mae'r bws yn sefyll ar y ffordd
wrth yr eglwys. 8. Y maent hwy'n gweithio yn y cae. 9. Yr
ydych chwi'n chwarae ar y llawr wrth y tân. 10. Y mae'r ci yn
hoffi gorwedd wrth y tân.

Lesson 2

NOUNS AND GENDER

A noun is the name of a person or thing, e.g. doctor, desk, dog.

In English, nouns are of three genders: a male animal is masculine, a female is feminine and things are neuter. In Welsh there are only two genders. A noun is either masculine or feminine, either a 'he' or a 'she', and never 'it'. Thus 'tân' (fire) is masculine and is referred to as 'ef' (he); 'gardd' (garden) is feminine and is referred to as 'hi' (she).

When the definite article (The = y, yr or 'r) comes before a Feminine *Singular* noun, it will cause certain changes to the initial letter of the noun. Consider the following lists and note first that the initial letter of *masculine* words does not change at all.

Masculine Words		Feminine Words	
ci: a dog	y ci: the dog	cadair: a chair	y gadair: the chair
pen: a head	y pen: the head	pib: a pipe	y bib: the pipe
tad: a father	y tad: the father	tref: a town	y dref: the town
gwaith: work	y gwaith: the work	gardd: a garden	yr ardd: the garden
bara: bread	y bara: the bread	basged: a basket	y fasged: the basket
dyn: a man	y dyn, the man	desg: a desk	y ddesg: the desk
mab: a son	y mab: the son	mam: a mother	y fam: the mother

Words beginning with other letters do not alter. This change, called Lenition or Soft Mutation, plays an important part in Welsh. As you can see from the above lists, in the case of Feminine Singular Nouns, initial C softens into a G, P to B, T to D, G disappears, B softens to F, D to DD, M to F.

Learn this table and these examples now.

These initial letters change	Soft Mutation	Examples (Feminine Singular Nouns)	
C	G	cadair	y gadair
P	B	pib	y bib
T	D	tref	y dref
G	—	gardd	yr ardd
B*	F	basged	y fasged
D	DD	desg	y ddesg
M*	F	mam	y fam

* Note that both B and M change into F.

19

This Mutation may seem difficult but it really is the *only real difficulty* in learning Welsh. Even if you do not do it correctly, it does not damn you. A Welshman will still understand you!

It will be noticed that the Soft Mutation entails 'breathing' less violently on the consonants concerned. Thus the Soft Mutation of the English word 'coat' would be 'goat'; that of 'pear', 'bear'; that of 'town', 'down'; of 'goat', 'oat'; of 'bole', 'vole'; of 'den', 'dden' (pronounced 'then'); of 'mole', 'vole'.

The Definite Article is *not* followed by a mutation of a first consonant of

(*a*) a masculine word, either singular or plural, thus *ci*, a dog; y *ci*, the dog; y *cŵn*, the dogs.

(*b*) a feminine word in the plural.

thus *ca*dair, a chair; y *ga*dair, the chair; but y *ca*deiriau, the chairs. Differences of gender are important in the Singular only.

The Demonstrative Adjective (This *and* These)
Masculine: Y dɥn *hwn* (this man, literally 'the man here')
Feminine: Y fam *hon* (this mother)
Plural: Y bechgɥn *hɥn* (these boys)*.

The gender of a noun is most easily memorised in conjunction with the demonstrative adjective 'this'. As is customary with most adjectives in Welsh, 'this' (i.e. hwn, hon, hyn) comes *after* its noun: Y dɥn hwn, this man (lit. 'the man here'), y bachgen hwn, this boy; y tân hwn, this fire. Hwn has a feminine form 'hon' which is used with feminine words, e.g. y fam hon, this mother; y gadair hon, this chair; y llong hon, this ship. Both *hwn* and *hon* have a common plural, *hɥn*, e.g. y bechgɥn hɥn, these boys; y tanau hɥn, these fires (Masculine): y mamau hɥn, these mothers, y cadeiriau hɥn, these chairs (Feminine).

Vocabulary for Lesson 2

yr wɥthnos hon—this week	bob nos—every night
†bob wɥthnos—every week	ond—but
bob dɥdd—every day	cysgu—to sleep
bob bore—every morning	

* To change 'this man' into 'that man' etc., change HWN to HWNNW HON to HONNO, HɥN to HYNNɥ, e.g. y dɥn hwnnw, that man; y fam honno, that woman; y bechgɥn hynnɥ, those boys. Another way is to use YMA (here), YNA (there), e.g. y dɥn yma, this man; y dɥn yna, that man.

† The word for 'every' is pob, but the initial letter of expressions of time in Welsh undergoes soft mutation so that pob changes to bob.

Masculine Nouns

llyfr, a book; y llyfr, the book
cae, a field; y cae, the field
tŷ, a house; y tŷ, the house

Feminine Nouns

cadair, a chair; y gadair, the chair
eglwys, a church; yr eglwys, the church
desg, a desk; y ddesg, the desk
gardd, a garden; yr ardd, the garden
geneth, a girl; yr eneth, the girl
ynys, an island; yr ynys, the island
cegin, a kitchen; y gegin, the kitchen
afon, a river; yr afon, the river
ysgol, a school; yr ysgol, the school
tref, a town; y dref, the town
ffenestr, a window; y ffenestr, the window

Exercise 1. (Practice in Soft Mutation). All the following nouns are feminine. Put the definite article (y or yr) before each one, e.g. cath (a cat), y gath (the cat): het (hat), bedwen (birch-tree), calon (heart), cegin (kitchen), chwaer (sister). [be careful! ch in Welsh is a separate letter; it is not as if chwaer began with c alone], dafad (sheep), dawns (dance), eglwys (church), ffedog (apron), geneth (girl), gafr (goat), heol (road), iar (hen), llaw (hand), lleuad (moon), mam (mother), merch (daughter), modryb (aunt), nos (night), potel (bottle), rhaff (rope), siop (shop), telyn (harp), tref (town), wythnos (week), ysgol (school), ynys (island).

Exercise 2. (Practice in the demonstrative adjective: Place y or yr before each noun and hwn (m), hon (f) or hyn (pl.) after: e.g. ci (m), y ci hwn; cadair (f), y gadair hon; plant (pl.), y plant hyn): plentyn (m. child); pêl (f. ball); caseg (f. mare); eglwysi (pl. churches); defaid (pl. sheep); afon (f. river); gardd (f. garden); gerddi (pl. gardens); llongau (pl. ships); llaw (f. hand); gwledydd (pl. countries); dawns (f. dance); tref (f. town); gafr (f. goat); genethod (pl. girls); merch (f. daughter); drws (m. door); byrddau (pl. tables); cae (m. field).

Exercise 3. Translate into English: 1. Y mae'r eneth hon yn eistedd ar y gadair wrth y ffenestr. 2. Y mae'r ardd hon wrth yr afon. 3. Yr wyf i yn gweithio yn y cae hwn heddiw ond y mae hi yn gweithio yn y gegin bob dydd. 4. Yr ydych chwi yn hoffi 'r dref hon. 5. Yr ydym ni yn cerdded trwy'r cae hwn bob dydd.

Exercise 4. The following nouns have all undergone soft mutation: ferch, ddafad, ardd, botel, wlad, fodrẃb, dref, eneth. Give their original or radical forms: e.g. merch, dafad, etc.

Exercise 5. Translate into Welsh: 1. I sleep (=am sleeping) in this house every night. 2. They read (=are reading) this book every week in this school. 3. This girl plays (=is playing) on this island every morning. 4. This church stands (=is standing) near the school and the river. 5. I sit (=am sitting) in this desk every day.

Lesson 3

THE NEGATIVE

The negative of the present tense of the verb BOD, to be, is formed by substituting the negative particle NID for the YR or Y of the affirmative. Welsh has a double negative, NID ... DDIM (cf. ne ... pas in French), e.g. yr wyf i, I am: *Nid* wyf i *ddim*, I am not. Here is the full negative of the present tense of the verb BOD. An alternative form of the singular is given.

Nid wyf i ddim *or* Nid ydwyf i ddim	I am not
Nid wyt ti ddim *or* Nid ydwyt ti ddim	thou are not
Nid yw ef ddim *or* Nid ydyw ef ddim	he is not
Nid yw hi ddim *or* Nid ydyw hi ddim	she is not
Nid ydym ni ddim	we are not
Nid ydych chwi ddim	you are not
Nid ydynt hwy ddim	they are not

Note the following points:—

1. The negative of y mae ef (he is) is nid yw (*or* ydyw) ef ddim (he is not); the negative of y mae hi (she is) is nid yw (*or* ydyw) hi ddim (she is not).

2. The negative of y maent hwy (they are) is nid ydynt hwy ddim (they are not).

3. The negative forms may be used with the verb-noun to form present tenses, e.g.

Nid wyf i ddim yn sefyll = I am not standing.

4. When a noun is the subject, the Third Person Singular is used with both Singular and Plural subjects:

The boy is not : Nid yw'r bachgen ddim
The boys are not : Nid yw'r bechgyn ddim

As usual, the third person plural form, in this case ydynt, is only used if the subject is hwy (they).

They are not : Nid ydynt hwy ddim

5. Notice in the above examples where ddim is placed if the subject is a noun: e.g. the boy doesn't like coffee = Nid yw'r bachgen *ddim* yn hoffi coffi.

6. In spoken Welsh there is a tendency to glide over the first part of the negative and to stress the second:

' 'd wyf i *ddim* yn hoffi coffi' : 'I don't like coffee'.
or ' 'd wy' *ddim* yn hoffi coffi'.

7. In written Welsh the *ddim* is often omitted.

Vocabulary for Lesson 3

(Many of these words are similar in English
and Welsh)

Masculine	*Feminine*
bws, y bws—bus	basged, y fasged—basket
car, y car—car	sigaret, y sigaret—cigarette
plentyn, y plentyn—child	gardd, yr ardd—garden
cloc, y cloc—clock	gafr, yr afr—goat
tad, y tad—father	nofel, y nofel—novel
golff, y golff—golf	pib, y bib—pipe
papur, y papur—paper	dafad, y ddafad—sheep
parc, y parc—park	siop, y siop—shop
pensil, y pensil—pencil	stryd, y stryd—street
plismon, y plismon—police- man	gwal, y wal—wall
sgwar, y sgwar—square	

Verbs	*Other expressions*
aros—to stop	ar agor—open (agor, to open)
dawnsio—to dance	ar gau—closed (cau, to close)
pori—to graze	erbyn—by

Exercise 1. Translate into English: 1. Y mae'r bws hwn yn aros yn y stryd hon bob dydd. 2. Y mae'r plismon yn sefyll ar y sgwar. 3. Y mae'r car hwn yn mynd i'r dref bob dydd. 4. Yr wyf i yn hoffi'r sigaret hon. 5. Yr ydych chwi yn darllen nofel. 6. Y mae'r eneth yn sefyll dan y cloc ar y sgwar. 7. Y mae ef yn cerdded yn y parc heddiw (today). 8. Y maent hwy yn sefyll wrth y wal hon bob dydd. 9. Y mae'r bachgen yn hoffi chwarae ar y stryd. 10. Y mae'r pensil ar y bwrdd yn y tŷ.

Exercise 2. Turn all the sentences in Exercise 1 into negative sentences, i.e. 1. Nid ydyw'r bws hwn ddim yn aros, etc.

Exercise 3. Translate into Welsh: 1. The father does not work in the shop; he works in the field. 2. The boy is playing near the river. 3. You are learning Welsh in this book. 4. The shop is closed today (heddiw). 5. They like (=are liking) to play golf but they don't like (they are not liking) to work. 6. The child sings (=is singing) and dances (is dancing) in the school. 7. The sheep and the goat are grazing on the island. 8. The dog is running through the field to the garden. 9. You are writing on the paper. 10. He is sitting on the chair near the table in the kitchen.

Exercise 4. Read aloud and translate: Yr wyf i yn byw (live) yn Llundain (London). Yr wyf i yn gweithio yno (there) hefyd (also). Nid wyf i yn byw yn y wlad (country) ac (and) nid wyf i yn gweithio yno. Yr wyf i yn codi (rise) bob bore am saith o'r gloch (at seven o'clock) ac yn mynd i'r swyddfa (office) erbyn (by) naw o'r gloch (nine o'clock). Yr wyf i yn aros ac yn ysgrifennu yno trwy'r dydd. Yr wyf i yn cael (get) cinio (dinner am un o'r gloch (at one o'clock). Yr wyf i yn cael tê (tea) am bump o'r gloch (five o'clock). Yr wyf i yn mynd i'r gwely (bed) am ddeg o'r gloch (at ten o'clock) yn y nos. Nid wyf i ddim yn gweithio ddydd Sadwrn (Saturday). Yr wyf i yn mynd i'r eglwys bob bore Sul (Sunday).

THE INTERROGATIVE

To ask a question, the interrogative particle A* is substituted for YR or Y with the verb BOD.

> Yr wyf i : I am
> A wyf i? : am I? (or do I?)

A ydych chwi yn hoffi darllen? Do you like to read?

The Interrogative of BOD	*Alternative Forms*
A wyf i? Am I, do I?	A ydwyf i?
A wyt ti? Art thou?	A ydwyt ti?
A yw ef? Is he?	A ydyw ef?
A yw hi? Is she?	A ydyw hi?
A yw'r bachgen? Is the boy?	A ydyw'r bachgen?
A ydym ni? Are we?	A ydym ni?
A ydych chwi? Are you?	A ydych chwi?
A ydynt hwy? Are they?	A ydynt hwy?
A ydyw'r bechgyn? Are the boys?	

Note that (1) the MAE of the affirmative is changed to YW or YDYW, the MAENT of the affirmative is changed to YDYNT. (2) that YDYNT is only used with HWY; if the subject is a noun in the Plural YDYW is used.

Answering a question

There is no simple equivalent to the word YES in Welsh. In answer to the above questions, the appropriate person of the verb, using the Alternative, the longer, more emphatic form is employed. (Cf. The Marriage Service ... Wilt thou ... ? I will). As examples, here is a conversation between Tom and Mair.

Tom: A ydych chwi'n darllen y papur? Are you reading the paper?

Mair: Ydwyf. I am (i.e. Yes).

Tom: A ydyw'r ci yn eistedd wrth y tân? Is the dog sitting by the fire?

Mair: Ydyw. He is (Yes).

Tom: A ydych chwi a Megan yn dysgu Cymraeg? Are you and Megan learning Welsh?

* In spoken Welsh this A is omitted. The rising inflection of the sentence signals the question.

Mair: Ydqm, yr ydqm ni yn dysgu Cymraeg. We are (yes), we are learning Welsh.

When the answer is negative, the word NAC (pronounced Nag), is used before the longer alternative form—Nac ydwqf (No) I am not, I do not. To complete the answer, the negative form of the sentence (Lesson 3) is used.

Answers to questions and confirmatory yes or no, using the present tense of the verb 'to be' may be tabulated thus:

Yes	No
Ydwqf, yr wqf i	Nac ydwqf, nid wqf i ddim
Yes, I am	No, I am not
Ydwqt, yr wqt ti	Nac ydwqt, nid wqt ti ddim
Yes, thou art	No, thou art not
Ydqw, y mae ef	Nac ydqw, nid qw ef ddim
Yes, he is	No, he is not
Ydqw, y mae hi	Nac ydqw, nid qw hi ddim
Yes, she is	No, she is not
Ydqw, y mae'r bachgen	Nac ydqw, nid qw'r bachgen ddim
Yes, the boy is	No, the boy is not
Ydqnt, y mae'r bechgqn	Nac ydqnt, nid qw'r bechgyn ddim
Yes, the boys are	No, the boys are not
Ydqm, yr ydqm ni	Nac ydqm, nid ydqm ni ddim
Yes, we are	No, we are not
Ydqch, yr ydqch chwi	Nac ydqch, nid ydqch chwi ddim
Yes, you are	No, you are not
Ydqnt, y maent hwy	Nac ydqnt, nid ydqnt hwq ddim
Yes, they are	No, they are not

Notice the phrases: Ydqnt, y mae'r bechgqn
Nac ydqnt, nid qw'r bechgqn

Ydqnt is the plural form because the pronoun hwq is understood: 'they are'. Mae and qw are in the singular because they are followed not by pronouns but by nouns (Lesson 1).

Vocabulary for Lesson 4

Masculine Nouns	Feminine Nouns
côr, y côr—choir	gwlad, y wlad—country
llestr; pl. y llestri—dish	ffatri, y ffatri—factory
bwyd, y bwyd—food	geneth, yr eneth—girl,
llythyr, y llythyr—letter	daughter
mynydd, y mynydd—mountain	mam, y fam—mother
tain	

Verbs

byw—to live
caru—to love (a person)
paratoi—to prepare
aros—to stop, to stay
golchi—to wash

weithiau—sometimes
yn awr—now
a (ac before vowels)—and
   [ac is pronounced 'ag']
yno—there

Exercise 1. Translate into English: 1. A ydych chwi yn darllen llyfr yn awr? Nac ydwyf, yr wyf i yn ysgrifennu llythyr. 2. A ydyw'r bachgen yn chwarae yn yr ardd? Nac ydyw, y mae ef yn chwarae yn y parc. 3. A ydych chwi yn hoffi dysgu Cymraeg? Ydwyf. 4. A ydyw'r eneth yn canu yn y côr? Ydyw. 5. A ydyw'r plentyn yn mynd i'r ysgol bob dydd? Nac ydyw, y mae ef yn aros yn y tŷ weithiau.

Exercise 2. Translate into Welsh: 1. Do they live in the town? No, they live in the country. 2. Am I writing now? No, you are reading a book. 3. Does the mother love the child? Yes. 4. Is the policeman standing on the square? Yes, he is there every day. 5. Is the sheep grazing in the field? No, it is grazing on the mountain.

Exercise 3. Read aloud and learn: A ydyw'r tad yn aros yn y tŷ? Nac ydyw, y mae ef yn mynd i'r ffatri. A yw'r fam yn mynd i'r ffatri? Nac ydyw, y mae hi'n gweithio yn y tŷ. Y mae hi 'n golchi llestri ac yn paratoi bwyd. A ydyw'r plentyn yn aros yn y tŷ? Nac ydyw, y mae ef yn mynd i'r ysgol.

LESSON 5

WHERE? WHEN? HOW?

Where?: Ble? (a contraction of Pa le : what place?)
When?: Pa brŷd or Prŷd? (literally : what time?)
How?: Sut?
These words, like Yr, nid and A . . . ? can be placed before
the verb.

1. *Ble? Where, in what place?*
Ble (y)* mae'r ci yn eistedd? Where is the dog sitting?
Y mae'r ci yn eistedd ar y mat. The dog is sitting on the mat.
Ble (y) maent hwy yn byw? Where are they living?
Y maent hwy yn byw yn Lloegr. They live in England.
Ble (y) mae'r pensil? Where is the pencil?
Y mae ef ar y ddesg. It (he) is on the desk.
Ble (y) mae'r ddesg? Where is the desk?
Y mae hi yn yr ystafell. It (she) is in the room.
(Notice masculine nouns are referred to as 'ef', feminine
nouns as 'hi'.)

2. *Pa brŷd?: When?   Am: at (referring to time)*
Pa brŷd (y) mae'r sinema yn agor? When is the cinema
opening?
Y mae'r sinema yn agor am saith o'r gloch. The cinema opens
at seven o'clock.
Pa brŷd yr ydych chwi yn mynd i'r eglwys? When are you
going to (the) church?
Yr ydym ni yn mynd am chwech o'r gloch. We are going at
six o'clock.
Pa brŷd y mae'r trên yn mynd i Aberystwyth? What time does
the train go to Aberystwyth?
Y mae'r trên yn mynd am chwarter i wyth. The train goes at
quarter to eight.

3. *Sut?: How?*
Sut yr ydych chwi? How are you?
Yr wyf i yn dda iawn, diolch. I am very well, thanks.
Sut y mae'r bws yn mynd i'r dref? How does the bus go to
(the) town?
Y mae'r bws yn mynd drwy'r sgwar. The bus goes through
the square.

* This 'y' may be omitted in sentences like these.

Vocabulary for Lesson 5

dyfod *or* dod—to come
yfed—to drink
treulio—to spend (of time)
yn dda—well
iawn—very
yn dda iawn—very well
cloch (f.) y gloch—bell
o'r gloch—o'clock (lit. of the bell)
heddiw—today
pentref (m.) y pentref—village
i (followed by soft mutation)—to (see table in Lesson 2)
Caerdydd—Cardiff
i Gaerdydd—to Cardiff

o (followed by soft mutation, see table in Lesson 2)—from, of
o Gaerdydd—from Cardiff
trwy (followed by soft mutation)—through
Penybont—Bridgend
trwy Benybont—through Bridgend
Abertawe—Swansea
am (followed by soft mutation)—at (of time)
am un o'r gloch—at one o'clock
am ddau o'r gloch—at two o'clock

Exercise 1. Read Exercise 4, Lesson 3 again and answer these questions. 1. Ble y mae ef yn byw ac yn gweithio? 2. Pa bryd y mae ef yn codi yn y bore? 3. I ble y mae ef yn mynd bob bore? 4. Pa bryd y mae ef yn cael cinio? 5. I ble y mae ef yn mynd am ddeg o'r gloch yn y nos? 6. Pa bryd y mae ef yn cael tê? 7. A yw ef yn gweithio bob dydd? 8. Sut y mae yn treulio'r dydd? 9. Ble y mae ef bob bore Sul? 10. Ble y mae ef yn yfed tê?

Exercise 2. Put into Welsh: 1. How is the boy today? 2. He is not very well. 3. What time does this bus go? 4. To where is the bus going? 5. From where does this letter come? 6. How do you go from this town to Swansea? 7. This bus goes at seven o'clock. 8. The father and the mother are sitting by the fire. 9. The bus is going from this village to Cardiff. 10. The road from Cardiff to Swansea goes through Bridgend.

ADJECTIVES

In Welsh, most adjectives ('describing' words) follow the noun, e.g. bore *da*, *good* morning; iechyd *da*, *good* health; Nadolig *llawen*, *merry* Christmas; bachgen *da*, a *good* boy; bechgyn *da*, *good* boys; merched *da*, *good* girls. Similarly we say car cyflym, a *fast* car; y tŷ *hardd*, the *beautiful* house.

Now for something more difficult. We saw in Lesson 2 that one of the hall-marks of a feminine singular noun is that it takes the soft mutation after the Definite Article (Y, Yr, 'r). To remind you we will give the table once more.

Feminine Singular Noun	Initial letter	Changes to	Fem. Sing. Noun after Definite Article
cadair, a chair	c	g	y gadair, the chair.
pib, a pipe	p	b	y bib, the pipe.
tref, a town	t	d	y dref, the town
gardd, a garden	g	—	yr ardd, the garden.
basged, a basket	b	f	y fasged, the basket.
desg, a desk	d	dd	y ddesg, the desk.
mam, a mother	m	f	y fam, the mother.

When an adjective is added to a feminine singular noun, the adjective too undergoes soft mutation, if it begins with the letters C, P, T, G, B, D, M, LL, RH, thus:

Adjective used with Masculine Noun	Initial letter	Changes to	Adjective used with Feminine Noun
dŵr *clir*, clear water	C	G	nos *glir*, a clear night.
gwynt *poeth*, a hot wind	P	B	teisen *boeth*, a hot cake.
hogyn *tal*, a tall lad	T	D	geneth *dal*, a tall girl.
tŷ *glân*, a clean house	G	—	calon *lân*, a clean heart.
llyfr *bach*, a little book	B	F	fferm *fach*, a little farm.
ci *drwg*, a naughty dog	D	DD	geneth *ddrwg*, a naughty girl.
dyn *mawr*, a big man	M	F	sinema *fawr*, a big cinema.
bws *llwyd*, a grey bus	LL	L	caseg *lwyd*, a grey mare.
darlun *rhyfedd*, a wonderful picture	RH	R	stori *ryfedd*, a wonderful story.

We hope you have noticed that two more letters, LL and RH have been added. This completes the list of soft mutations. LL and RH were not put in the first list because they do not change after Y, YR and 'R thus, llaw f. (hand), y llaw; rheol f. (a rule), y rheol.

Iawn (very)

Iawn follows the adjective in Welsh—ysgol dda iawn—a very good school: bachgen tal iawn, a very tall boy.

In addition to undergoing soft mutation, the following adjectives have their own feminine singular forms: cryf (strong), crwn (round), tlws (pretty), trwm (heavy), gwlyb (wet), gwyn (white), gwyrdd (green), brith (speckled), brwnt (dirty), bychan (small), byr (short). You will notice that these are mainly monosyllables with W or Y in their stems. The Y changes to E in the feminine, the W to O.

	Masculine Form with Masculine Noun	Mutated Feminine Form	Feminine Singular Form
cryf	ceffyl cryf: a strong horse	(C—G)	caseg gref: a strong mare
	y ceffyl cryf: the strong horse	gref	y gaseg gref: the strong mare
crwn	haul crwn: a round sun	(c—g)	nyth gron; a round nest
	yr haul crwn: the round sun	gron	y nyth gron: the round nest
tlws	llyfr tlws: a pretty book	(t—d)	geneth dlos: a pretty girl
	y llyfr tlws: the pretty book	dlos	yr eneth dlos: the pretty girl
trwm	dyn trwm: a heavy man	(t—d)	dynes drom: a heavy woman
	y dyn trwm: the heavy man	drom	y ddynes drom: the heavy woman
gwlyb	dydd gwlyb: a wet day	(g—)	cot wleb: a wet coat
	y dydd gwlyb: the wet day	wleb	y got wleb: the wet coat
gwyn	dyn gwyn: a white man	(g—)	carreg wen: a white stone
	y dyn gwyn: the white man	wen	y garreg wen: the white stone
gwyrdd	cae gwyrdd: a green field	(g—)	ynys werdd: a green island
	y cae gwyrdd: the green field	werdd	yr ynys werdd: the green island
brith	bara brith: speckled bread	(b—f)	iar fraith: a speckled hen
	y bara brith: the speckled bread	fraith	yr iar fraith: the speckled hen
brwnt	lle brwnt: a dirty place	(b—f)	het front: a dirty hat
	y lle brwnt: the dirty place	front	yr het front: the dirty hat
bychan	bachgen bychan: a small boy	(b—f)	nant fechan: a little stream
	y bachgen bychan: the small boy	fechan	y nant fechan: the little stream
byr	llyfr byr: a short book	(b—f)	stori fer: a short story
	y llyfr byr: the short book	fer	y stori fer: the short story

Feminine *plural* words do not mutate after the definite article, thus:

merch, a girl; y ferch, the girl, but y merched, the girls.

In the same way, feminine plural nouns do not cause mutation in the adjectives that follow them thus:

merch (f), a girl; y ferch dda, the good girl, but y merched da, the good girls.

dref (f), a town; y dref fawr, the big town, but y trefi mawr, the big towns.

There are no distinct feminine forms for the adjective in the plural: thus with byr (masc. form), fer (fem. mutated form), stori (f), a story: y stori fer, a short story, but storiau byr, short stories.

What happens if a feminine singular noun is followed by two or more adjectives? They all undergo soft mutation, e.g.

da (good), bach (little), merch fach dda—a good little girl, and mawr (big), cynnes (warm), cot (f) fawr gynnes—a big warm coat (=a warm overcoat), and byr (short), diddorol (interesting), stori (f) fer ddiddorol iawn—a very interesting short story.

Vocabulary for Lesson 6

Adjectives (feminine form given in brackets):—

hapus, happy; newydd, new; tal (dal), tall; arall, other; bach (fach), little; brith (fraith), speckled; brwnt (front), dirty; byr (fer), short; coch (goch), red; crwn (gron), round; cryf (gref), strong; cyflym (gyflym), swift; da (dda), good; diddorol (ddiddorol), interesting; drwg (ddrwg), bad; du (ddu), black; glân (lân), clean; gwlyb (wleb), wet; gwyn (wen), white; gwyrdd (werdd), green; hardd, beautiful; hyfryd, pleasant; llawen (lawen), cheerful; llwyd (lwyd), grey; mawr (fawr), big; oer, cold; teg (deg), fair; tlws (dlos), pretty; trwm (drom), heavy; Cymreig (Gymreig), Welsh.

Masculine Nouns	*Feminine Nouns*
amser—time	afon, yr afon—river
bachgen—boy	awel, yr awel—breeze
bara—bread	baner, y faner—banner
bryn—hill	basged, y fasged—basket
bws—bus	busnes, y fusnes—business
cap—cap	calon, y galon—heart
capel—chapel	carreg, y garreg—stone
car—car	cath, y gath—cat
castell, castle	coron, y goron—crown
ci—dog	cot, y got—coat
cornel—corner	desg, y ddesg—desk
cwpwrdd—cupboard	eglwys, yr eglwys—church
dreser—dresser	fforc, y fforc—fork
llyfr—book	gardd, yr ardd—garden
plismon—policeman	het, yr het—hat

B

Masculine Nouns	*Feminine Nouns*
tŷ—house	mam, y fam—mother
tê—tea	noson, y noson—evening
tebot—teapot	pobl, y bobl—people
pwll—pool	poced, y boced—pocket
pentref—village	pont, y bont—bridge
papur—paper	potel, y botel—bottle
parc—park	siop, y siop—shop
	stori, y stori—story
	ynys, yr ynys—island
	ysgol, yr ysgol—school

Exercise 1. Say in Welsh and translate into English: bachgen da iawn, chwarae teg, tŷ newydd, bara brith, bachgen bach, calon lân, noson lawen, castell coch, pont newydd, pwll du, pentref bach, amser byr, ffordd fer, ynys lwyd, afon wen, ci bach, tŷ mawr, eglwys fach, y garreg wen, llyfr da, bryn hyfryd, amser tê, cwpwrdd cornel, awel gref.

Exercise 2. Put the definite article Y or Yr before these feminine nouns and hon after (watch the mutation, e.g. baner, y faner): basged, busnes, cath, coron, cot, desg, eglwys, fforc, gardd, het, mam, pobl, poced, potel, siop, stori, ysgol.

Exercise 3. Translate into Welsh (all the nouns are feminine here):·the black banner, the heavy basket, the little cat, the round crown, the wet coat, the strong desk, the Welsh church, the big fork, the beautiful garden, the dirty hat, the good mother, the other people, the big pocket, the little bottle, the short story, the new school.

Exercise 4. Translate into Welsh (masculines are used here): a happy boy, a fast car, a short time, a red bus, white paper, a black teapot, a tall policeman, a green map, an interesting book, a very pretty cap, a very good boy.

Exercise 5. Translate into Welsh (masculines and feminines are mixed here): a new coat, the big chapel, the heavy desk, the pretty hat, a little cat, a red banner, the cold house, a green garden, a very interesting book, very good tea.

LESSON 7

THE PLURAL OF NOUNS AND ADJECTIVES

Nouns may be either singular or plural. 'Boy' is singular, 'boys' plural. Apart from a few irregular plurals, English forms the plural by adding S or ES to the singular: cat, cats; box, boxes. In Welsh, there are several ways of forming the plural, and it is best to learn the plural of each noun as you meet it.

Methods of forming plurals in Welsh

1. *Adding endings*

This is the most common method; the most usual endings are -AU and -IAU.

-AU	-IAU
afal (apple), afalau (apples)	desg (desk), desgiau
enw (name), enwau	cap (cap), capiau
llyfr (book), llyfrau	
cae (field), caeau	
tad (father), tadau	
mam (mother), mamau	

-ION	-ᵤDD
dᵤn (man), dynion	afon (river), afonᵤdd
ysgol (school), ysgolion	heol (street), heolᵤdd

I	-OD
ffenestr (window), ffenestri	cath (cat), cathod
tref (town), trefi	geneth (girl), genethod

2. *Change of vowel and no ending added (Cf. English, foot, feet)*

bachgen (boy), bechgᵤn	bardd (poet), beirdd
ffordd (road), ffᵤrdd	(plentᵤn (child), plant)

3. *Addition of endings and change of vowel (or change of pronunciation of vowel)*

gardd (garden), gerddi	brᵤn (hill), bryniau
cadair (chair), cadeiriau	dᵤn (man), dynion
mynᵤdd (mountain), mynyddoedd	dᵤdd (day), dyddiau
llᵤn (lake), llynnoedd	
athro (teacher), athrawon	
meddᵤg (doctor), meddygon	

The only way is to look up the plural of all words in the vocabulary or in a good dictionary until you know them.

Plural of Adjectives

Some adjectives have plural forms, patterned on the plural of nouns. We include a few of them—mainly for reference. In speech, and quite often in literary work, these plurals of adjectives are not used (the singular form being used instead), so the beginner need not worry overmuch about learning them. The only ones worth committing to memory at this stage are the plurals of bychan, marw, arall.

(1)   gwyn (white), gwynion
      mawr (big), mawrion
      gwyrdd (green), gwyrddion
      du (black), duon

(2)   *With change of vowel*
      bychan (small), bychain
      marw (dead), meirw
      arall (other), eraill

(3)   *Addition of ending and change of vowel*
      tlws (pretty), tlysion
      trwm (heavy), trymion

Just two last points before you begin the exercises: remember that (1) Masculine nouns do not suffer mutation in singular or plural after the definite article; (2) Feminine nouns undergo mutation in the *singular* only, not in the plural—thus:

Masculine noun: beisicl (a bicycle), y beisicl, the bicycle, y beisiclau, the bicycles.

Feminine noun: mam (a mother), y fam, the mother, y mamau, the mothers.

Exercise 1. Put the definite article y or yr before the singular and plural of the following masculine nouns (i.e. afal, yr afal, yr afalau): enw, llyfr, cae, tad, bryn, dyn, mynydd, llyn, bachgen, cap.

Exercise 2. Do the same with the following feminine nouns (i.e. gardd, yr ardd, y gerddi): cadair, ffordd, cath, geneth, desg, mam, ysgol, afon, tref, heol (remember the soft mutation after y and yr in singular!)

Exercise 3. Do the same with the following (the masculines and feminines are mixed so look them up in the vocabulary at the end of the book): beisicl, bwrdd, bws, capel, castell, cloc, baner, basged, cath, coron, cwpwrdd, llythyr, dreser, het, papur, poced, potel.

Exercise 4 (Revision of Lesson 1). Translate into Welsh:

He is reading. We are working. They like. I am sitting. You are playing. I am learning.

Exercise 5 (Revision of Lesson 2).   Translate into Welsh: A mother, the mother, this mother; a garden, the garden, this garden; a desk, the desk, this desk; a chair, the chair; this chair; a boy, the boy, this boy.

Exercise 6 (Revision of Lesson 3).   Translate into Welsh: I am not working. He is not reading. The boy is not reading. They are not sitting. The boys are not sitting. I do not like. You are not standing.

Exercise 7 (Revision of Lesson 4).   Translate into Welsh: Are you reading? Yes, I am. Does he like coffee? Yes, he does. Are they sitting? No, they are not.

Exercise 8 (Revision of Lesson 5).   Translate into Welsh: Where is the cat?* Where is she sitting? When does the bus go? When does the car come? How are you?

* See footnote on page 29.

LESSON 8

TO HAVE, TO POSSESS

In Welsh, there is no verb which corresponds with the English 'to have' or 'to possess'. This difficulty is surmounted by using the preposition GAN (with) and its personal forms. For instance, 'The man has a dog' is translated by saying 'There is a dog with the man'—Y mae ci gan y dyn. Similarly 'The girl has a cat', has to be turned into 'There is a cat with the girl'—Y mae cath gan y ferch: 'Mary has the basket' to 'The basket is with Mary'—'Y mae'r fasged gan Mair.'

Gan can be combined with persons and is conjugated thus: gennyf i (with me), gennyt ti (with thee), ganddo ef (with him), ganddi hi (with her), gennym ni (with us), gennych chwi (with you), ganddynt hwy (with them).

Y mae gardd gennyf i	: I have a garden
Y mae pensil gennyt ti	: thou hast a pencil
Y mae sigâr ganddo ef	: he has a cigar
Y mae sigaret ganddi hi	: she has a cigarette
Y mae cap gan y bachgen	: the boy has a cap
Y mae capiau gan y bechgyn	: the boys have caps
Y mae car gennym ni	: we have a car
Y mae llyfrau gennych chwi	: you have books
Y mae gardd ganddynt hwy	: they have a garden

Note that the *n* is not doubled in ganddo, ganddi, ganddynt. There is an alternative construction whereby the object possessed is placed after gan or its personal forms. In this case it will take soft mutation (see the Table in Lesson 2), so:

Y mae gardd gennyf i *or* y mae gennyf i ardd : I have a garden.

Y mae pensil gennyt ti *or* y mae gennyt ti bensil : I have a pencil.

This construction is useful when a number of objects are listed. Suppose we want to say that someone has a knife (cyllell), a pencil (pensil), a rubber (rwber), a cord (cordyn) and a book (llyfr), we write: Y mae ganddo ef gyllell, pensil, rwber, cordyn, a llyfr yn y ddesg: he has a knife, a pencil, a rubber, a cord and a book in the desk. The construction can also be used when the object possessed is qualified or described in any way, e.g.

Y mae ganddo ef dŷ mawr yn y wlad: he has a big house (tŷ=house) in the country.

Exercise 1. Translate into English: Y mae gennyf i gwpwrdd cornel. Y mae ci bach ganddi hi: y mae afal coch gennyf i: y mae tad da ganddynt hwy: y mae gardd werdd gan y dyn: y mae cadair fechan gan y bachgen.

Exercise 2. Put into Welsh: I have a pencil, he has a black cat, the men have caps, Eluned has a heavy basket, the boys have desks, this boy has a good mother.

Exercise 3. Read, learn and translate: Y mae gardd gennyf i. Yr wyf i yn hoffi gweithio yn (in) yr ardd. Y mae Eluned yn mynd i'r ffatri bob bore. Nid yw hi yn hoffi gweithio yn y ffatri. Y mae mam yn hoffi coffi ond (but) yr wyf i yn hoffi yfed (drink) tê cryf.

Exercise 4 (Revision of Definite Article). Put y or yr before the following feminine nouns (e.g. mam, y fam): afon, basged, cadair, cath, cot, craig, desg, dafad, eglwys, ffenestr, gafr, gardd, geneth, het, iar, llong, mam, noson, poced, pont, rheol, siop, tref, ynys, ysgol.

Exercise 5 (Revision of Plural). Put the definite article before the following nouns in the plural (ex. basged, y basgedi),: afal, llyfr, cae, tad, desg, bryn, cap, dyn, ysgol, athro, ffenestr, tref, afon, cath, bachgen, gardd.

Lesson 9

THE VERB 'TO BE' (BOD) WITH INDEFINITE NOUNS

Here is a reference table which you can read through now and consult again at the end of the chapter.

Definite Nouns

Affirmative	Y *mae*'r llyfr ar y bwrdd	*The* book is on the table.
Negative	Nid *ɥw*'r llyfr ddim ar y bwrdd	*The* book is not on the table.
Question	A *ɥw* (ydɥw)'r llyfr ar y bwrdd?	Is *the* book on the table?
Condition	Os *ɥw*'r llyfr ar y bwrdd...	If *the* book is on the table...

Indefinite Nouns

Affirmative	Y *mae* llyfr ar y bwrdd	There is *a* book on the table.
Negative	Nid *oes* llyfr ar y bwrdd	There is *not a* book on the table.
Question	A *oes* llyfr ar y bwrdd?	Is there *a* book on the table?
Condition	Os *oes* llyfr ar y bwrdd ...	If there's *a* book on the table ...

In the above sentences, we see that the third person of the verb 'to be'—is—can be translated in three different ways—y mae, ɥw (ydɥw), oes. We dealt with ɥw (Ydɥw) in Negatives in Lesson 3, with Questions in Lesson 4. Now let us deal with OES:

The distinction between nouns that are Definite and those that are Indefinite is very important in Welsh. With Indefinite nouns we use OES (and not *y mae* or *ɥw*) in Negative, Interrogative and Conditional Sentences (a sentence introduced by 'If'). An Indefinite noun is one preceded by *A, AN, ANY, SOME*, as in A boy, AN apple, ANY bread, SOME eggs.

A Definite noun is one preceded by THE or it can be the name of a PERSON or PLACE, e.g. THE TABLE, ENID, ABERYSTWɥTH.

Now just compare these sentences:

	Definite Noun	Indefinite Noun
Affirmative Sentences	Y *mae*'r dyn yn yr ardd *The* man is in the garden	Y *mae* dyn yn yr ardd. There is *a* man in the garden.
Negative Sentences	Nid *yw*'r dyn ddim yn yr ardd *The* man is not in the garden	Nid *oes* dim dyn yn yr ardd. There is not *a* man in the garden.
Interrogative Sentences	A *yw*'r dyn yn yr ardd? Is *the* man in the garden?	A *oes* dyn yn yr ardd? Is there *a* man in the garden?
Conditional Sentences	os *yw*'r dyn yn yr ardd... if the man is in the garden ...	os *oes* dyn yn yr ardd ... if there's a man in the garden ...

Notice (1) that in Affirmative sentences, y mae without the 'r is used with Indefinite nouns. (2) the association between the introductory word *there* and oes.

Answering questions beginning 'A oes . . .'

The two possible answers to a question beginning with A oes . . . ? are:

(*a*) Positive: Oes, y mae. Yes, there is or there are.

(*b*) Negative: Nac oes, nid oes. No, there is not, *or* there are not.

A oes mat yn yr ystafell? Is there a mat in the room?

Oes, y mae mat yn yr ystafell. Yes, there is a mat in the room.

A oes cloc yn y tŷ? Is there a clock in the house?

Nas oes, nid oes dim cloc yn tŷ. No, there isn't a clock in the house.

A oes dynion yn gweithio yn yr ardd? Are there (any) men working in the garden?

Nac oes, nid oes dim dynion yn gweithio. No, there are not any men working.

A oes heddwch? Is there peace?

Dim is used for Ddim immediately after the verb 'oes'.

Negations

You may by this time be wondering about Negations. In *Statements*, NI (NID before vowels), DDIM is the usual negative. *Nid* yw ef *ddim* yn gweithio: he is not working. In *Answers* NA (NAC [pronounced NAG] before vowels) is used.

A ydych chwi yn gweithio? Nac ydwyf.
    Are you working?   No, I am not.

In Lesson 8, we saw how 'I have a dog' is translated as 'There is a dog with me'. Y mae ci gennyf i'. 'I haven't a dog' will be translated as 'There isn't a dog with me'. We have already learnt in this lesson that 'There isn't a' is NID OES. 'I haven't a dog' is therefore 'Nid oes ci gennyf i'. Similarly, 'they haven't a garden' will become 'there isn't a garden with them' (Lesson 8)—'Nid oes gardd ganddynt hwy.'

The Interrogative form is introduced by A oes . . . ?

A oes gardd gennych chwi? Have you a garden? (Is there a garden with you?). Oes, y mae gardd gennym ni. Yes, we have a garden.

A oes gardd ganddynt hwy? Have they a garden? Nac oes, nid oes dim gardd ganddynt hwy. (No, there isn't a garden with them). No they haven't a garden.

Indefinite Nouns and Pronouns

There are also some nouns and pronouns that are Indefinite and are therefore used with OES. They include:

NEB, anyone	DIGON (o), plenty (of), enough (of)
DIM, anything	GORMOD (o), too much (of)

Nid oes dim neb yma: there is not anybody here: there is nobody here.

Nid oes dim yn y ddesg: there isn't anything in the desk: there's nothing . . .

Nid oes dim llyfrau yn y ddesg: there aren't any books in the desk.

A oes digon o siwgr yn y tê? Is there enough (of) sugar in the tea?

A oes gormod o siwgr yn y coffi? Is there too much (of) sugar in the coffee?

Similarly, llawer (o); much, many, a lot (of)
           ychydig (o); few, a little (of)

The word O, meaning OF here, takes SOFT MUTATION, so that, using the words POBL (people), LLAETH (milk), we say:

A oes llawer o bobl yn y tŷ? Are there a lot of people in the house?

A oes ychydig o laeth yn y cwpwrdd? Is there a little (of) milk in the cupboard?

Don't forget in your exercises that there is soft mutation:

(1) After Y, when the noun is feminine singular, i.e.
    Tref, a town; y dref, the town.

(2) When an adjective follows a feminine singular noun:
Da, good; mam dda, a good mother.

(3) After O.
POBL, people: llawer o bobl, a lot of people.

Vocabulary

cegin (f) a kitchen, y gegin   bara (m), bread, y bara

Exercise 1.   Read in Welsh and translate. 1. A oes gafr ar y mynydd? Nac oes, nid oes dim gafr ar y mynydd. 2. A oes bara ar y bwrdd? Oes, y mae bara ar y bwrdd. 3. A oes dynion ar y sgwar? Nac oes, nid oes dim dynion ar y sgwar. 4. Nid oes dim ci yn y tŷ. 5. Nid ŵyr ci ddim yn yr ystafell. 6. Nid oes dim car gennyf i. 7. Nid ŵyr bws ddim yn mynd i Aberystwyth. 8. Nid oes dim bws heddiw. 9. Nid oes neb yn y tŷ. 10. A oes digon o fara yn y gegin?

Exercise 2.   Translate into Welsh. 1. Is he working? No. 2. Are there (any) books in the cupboard? 3. The girl is not reading this book. 4. There is a map on the wall. 5. He hasn't a car. 6. Has he a bicycle? No, he hasn't a bicycle. 7. A lot of bread. 8. There's too much sugar in this tea.

Exercise 3.   Revision of adjectives. (*a*) Masculine nouns: a red apple, a good boy, a green bus, the little field, the happy man, the fast car, white paper, the tall man. (*b*) Feminine nouns: a new basket, the big cat, a green garden, the little pocket, a round bottle, a dirty fork, a beautiful girl.

THE FUTURE TENSE

We saw in the lesson on the Present Tense that the verb BOD (to be) is used as an auxiliary or 'helping' verb to form the Present Tense of other verbs. It performs this function in the Future Tense also.

Present Tense: I am reading: Yr wyf i yn darllen.

Future Tense: I shall read: Byddaf i yn darllen (I shall be reading).

The complete Future Tense of the verb 'to be' is as follows:

*Byddaf i: I shall be	Byddwn ni: we shall be
Byddi di: thou wilt be	Byddwch chwi: you will be
Bydd ef: he will be	Byddant hwy: they will be
Bydd hi: she will be	

Byddaf i yn mynd : I shall be going.

Bydd ef yn siarad : he will be speaking.

These verb forms are sometimes preceded by a meaningless particle Fe (or, in North Wales, MI) which is followed by Soft Mutation, e.g.

Fe fyddaf i	fe fyddwn ni
Fe fyddi di	fe fyddwch chwi
Fe fydd ef	fe fyddant hwy
Fe fydd hi	

Examples: Fe fydd y bachgen: the boy will be
Fe fydd y bechgyn: the boys will be

Fe fydd y bechgyn yn dringo'r mynyddoedd
The boys will climb the mountains

Fe fyddwn ni 'n mynd i'r dref yfory
We shall be going to town tomorrow

This form is very common in Conversation.

The Negative of the Future
The Negative, 'I shall not', etc. is formed by placing NI before the verb. NI is followed by the soft mutation of B which changes B into F.

* See note on final -f on page 11.

44

Ni fyddaf i ddim : I shall not
Ni fyddi di ddim : thou wilt not
Ni fqdd ef ddim : he will not
Ni fqdd hi ddim : she will not
Ni fyddwn ni ddim : We shall not
Ni fyddwch chwi ddim : You will not
Ni fyddant hwq ddim : They will not

Ni fyddaf i ddim yn dringo'r mynqdd yforq: I shall not be climbing the mountain tomorrow.

The Interrogative of the Future

To form the Interrogative 'Shall I?' etc, put A before the verb. A is followed by the Soft Mutation, changing, in this case, B to F.

A fyddaf i? Shall I be?   A fyddwn ni? Shall we be?
A fyddi di? Wilt thou be?   A fyddwch chwi? Will you be?
A fqdd ef? Will he be?   A fyddant hwq? Will they be?
A fqdd hi? Will she be?

A fyddwn ni yn mqnd i'r dref? Shall we be going to the town?
A fqdd y bechgqn yn mqnd? Will the boys be going?

Answering Questions in the future Tense

As with the Present, there is no simple equivalent of the English 'Yes'. In answer to questions the appropriate form of the verb is used. Note that the negative for *Answering Questions* is NA, here followed by Soft Mutation. We have tabulated the answers thus:

YES

A fyddwch chwi yn mqnd?	Byddaf, fe fyddaf i. Yes, I shall
A fyddaf i yn mqnd?	Byddi, fe fyddi di. Yes, thou wilt
A fqdd ef yn mqnd?	Bqdd, fe fqdd ef. Yes, he will
A fqdd hi yn mqnd?	Bqdd, fe fqdd hi. Yes, she will
A fqdd y bachgen yn mqnd?	Bqdd, fe fqdd ef. Yes, he will
A fyddwn ni yn mqnd?	Byddwn, fe fyddwn ni. Yes, we shall
A fyddwch chwi yn mqnd?	Byddwch, fe fyddwch chwi. Yes, you will
A fyddant hwy yn mqnd?	Byddant, fe fyddant hwq. Yes, they will
A fqdd y bechgyn yn mqnd?	Byddant, fe fqdd y bechgqn. Yes, the boys will

NO

Na fyddaf, ni fyddaf i	No, I shall not
Na fyddi, ni fyddi di	No, thou wilt not
Na fçdd, ni fçdd ef	No, he will not
Na fçdd, ni fçdd hi	No, she will not
Na fçdd, ni fçdd y bachgen	No, the boy will not
Na fyddant, ni fçdd y bechgçn	No, the boys will not
Na fyddwn, ni fyddwn ni	No, we shall not
Na fyddwch, ni fyddwch chwi	No, you will not
Na fyddant, ni fyddant hwy	No, they will not

The Future Tense of the Verb, 'To have' or 'to possess'

To say 'I shall have *or* possess' etc, substitute bçdd for y mae in the construction with gan.

y mae gardd gennçf i: I have a garden (there is a garden with me).

Bçdd gardd gennçf i: I shall have a garden (there will be a garden with me).

Negative

Present: Nid oes gardd gennçf i: I haven't a garden.

Future: Ni fçdd dim gardd gennçf i: I shall not have a garden (Bçdd mutates to fçdd after Ni).

Interrogative

Present: A oes amser gennçch chwi? Have you time?

Oes, y mae amser gennçf i. Yes, I have time.

Future: A fçdd amser gennçch chwi? Will you have time?

Bçdd, bçdd digon o amser gennçf i. Yes, I shall have plenty of time.

Na fçdd, ni fçdd amser gennçf i. No, I shall not have time.

Vocabulary for Lesson 10

cerdded—to walk	pori—to graze
aros—to stop, to stay	cysgu—to sleep

Masculine Nouns	*Feminine Nouns*
cwpan, y cwpan—cup	dafad, y ddafad—sheep
	strçd, y strçd—street

Exercise 1. Translate into English: 1. Byddaf i yn mçnd i'r sinema. 2. Bçdd ef yn canu yn yr eglwçs. 3. Byddwn ni yn chwarae yn y cae. 4. Bçdd y bachgen yn aros yn y tç. 5. Byddant hwç yn sefçll yn y sgwâr. 6. Fe fyddaf i yn yfed tê. 7. Fe fyddant hwç yn eistedd yn y gadair ddu. 8. Ni fyddaf i yn mçnd i'r siop. 9. A fyddwch chwi yn cerdded i'r dref? Na fyddaf, ni fyddaf i yn cerdded. 10. A fçdd y tad yn gweithio yn y ffatri yforç? Bçdd.

Exercise 2.   Translate into Welsh: 1. I shall not be going to
the house. 2. Will you be coming to the bus? 3. Will the bus be
stopping in the street? No, it will not. 4. Will the boys be playing
in the room? Yes. 5. There is bread on the table. 6. Have you a
cupboard? Yes, I have a cupboard. 7. I haven't a pencil. 8. Will
you have time tomorrow? Yes, I shall have time. 9. I shall not
have a book. 10. We shall not like drinking (to drink) strong
coffee.

Exercise 3.   Change the verbs in the following sentences into
the Future Tense.   1. Y mae'r bws yn aros yn y strŷd. 2. Y
mae hi yn cerdded i'r fferm. 3. A ŷw ef yn hoffi canu yn y
capel? 4. Nid ŷw'r ddafad ddim yn pori yn y cae. 5. Nid oes dim
coffi yn y cwpan. 6. Y mae gardd brydferth gennŷf i. 7. A oes ci
gennŷch chwi? Oes, y mae ci gennŷm ni. 8. Nid ŷw'r tad ddim
yn dysgu darllen Cymraeg. 9. A ydŷch chwi yn aros yma? Nac
ydwŷf, nid wŷf i ddim yn aros. 10. A ydŷnt hwŷ yn cysgu yn y
tŷ hwn? Ydŷnt, y maent hwŷ yn cysgu yma.

KEY

LESSON 1.

Exercise 1.   Y llyfr, y drws, y cae, yr het, y mur, yr awyren,
yr enw, yr ystafell, y papur, y cloc.

Exercise 2.   The book is under the window. 2. The snow is
on the field. 3. I am writing on the paper. 4. He is running
through the snow to the field. 5. I like to sit in the sun in (the)
summer. 6. The clock is on the table in the house. 7. She is
wearing a hat. 8. You are going through the river. 9. The dog is
lying under the table. 10. The boy is reading a book in the house
by the fire.

Exercise 3.   1. Y mae'r awyren yn y cae. 2. Y mae'r ci yn
gorwedd dan y bwrdd yn y tŷ. 3. Yr ydŷch chwi yn ysgrifennu
ar y llyfr. 4. Y mae'r bachgen yn darllen y llyfr a'r papur. 5. Y
mae hi yn rhedeg trwŷ'r cae. 6. Y mae het ar y bwrdd wrth y
ffenestr. 7. Y maent hwŷ yn canu'r anthem yn yr eglwŷs. 8. Y
mae ef yn cerdded drwŷ'r drws i'r ystafell. 9. Y mae'r fferm
wrth yr afon. 10. Yr ydŷm ni yn dysgu ysgrifennu Cymraeg
heno.

Exercise 4.   1. There is a boy playing in the field. 2. We are
learning to read English. 3. There is a map on the wall. 4. You
are learning to write today. 5. I like to write and to read. 6. You
are standing by the fire. 7. The bus is standing on the road near
the church. 8. They are working in the field. 9. You are playing
on the floor near the fire. 10. The dog likes to lie by the fire.

LESSON 2.

Exercise 1. yr het, y fedwen, y galon, y gegin, y chwaer, y ddafad, y ddawns, yr eglwys, y ffedog, yr eneth, yr afr, yr heol, yr iar, y llaw, y lleuad, y fam, y ferch, y fodryb, y nos, y botel, y rhaff, y siop, y delyn, y dref, yr wythnos, yr ysgol, yr ynys.

Exercise 2.　y plentyn hwn, y bêl hon, y gaseg hon, yr eglwysi hyn, y defaid hyn, yr afon hon, yr ardd hon, y gerddi hyn, y llongau hyn, y llaw hon, y gwledydd hyn, y ddawns hon, y dref hon, yr afr hon, y genethod hyn, y ferch hon, y drws hwn, y byrddau hyn, y cae hwn.

Exercise 3.　1. This girl is sitting on the chair by the window. 2. This garden is near the river. 3. I work in this field today but she works in the kitchen every day. 4. You like this town. 5. We walk through this field every day.

Exercise 4.　merch, dafad, gardd, potel, gwlad, modryb, tref, geneth.

Exercise 5.　1. Yr wyf i yn cysgu yn y tŷ hwn bob nos. 2. Y maent hwy yn darllen y llyfr hwn bob wythnos yn yr ysgol hon. 3. Y mae'r eneth hon yn chwarae ar yr ynys hon bob bore. 4. Y mae'r eglwys hon yn sefyll wrth yr ysgol a'r afon. 5. Yr wyf i yn eistedd yn y ddesg hon bob dydd.

LESSON 3.

Exercise 1.　1. This bus stops in this street every day. 2. The policeman is standing on the square. 3. This car goes to the town every day. 4. I like this cigarette. 5. You are reading a novel. 6. The girl is standing under the clock on the square. 7. He is walking in the park today. 8. They stand by this wall every day. 9. The boy likes to play on the street. 10. The pencil is on the table in the house.

Exercise 2.　1. Nid ydyw'r bws hwn ddim yn aros etc. (or Nid yw'r bws hwn ddim etc.). 2. Nid ydyw'r plismon ddim yn sefyll etc. (or Nid yw'r plismon ddim etc.). 3. Nid ydyw'r car hwn ddim yn mynd etc. (or Nid yw'r car hwn ddim etc.). 4. Nid wyf i ddim yn hoffi etc. 5. Nid ydych chwi ddim yn darllen etc. 6. Nid ydyw'r eneth ddim yn sefyll etc. (or Nid yw'r eneth ddim etc.). 7. Nid ydyw ef ddim yn cerdded etc. (or nid yw ef ddim). 8. Nid ydynt hwy ddim yn sefyll etc. 9. Nid ydyw'r bachgen ddim yn hoffi etc. (or Nid yw'r bachgen ddim etc. 10. Nid ydyw'r pensil ddim ar y bwrdd etc. (or Nid yw'r pensil ddim etc.).

Exercise 3.　1. Nid ydyw (yw)'r tad ddim yn gweithio yn y siop; y mae ef yn gweithio yn y cae. 2. Y mae'r bachgen yn chwarae wrth yr afon. 3. Yr ydych chwi yn dysgu Cymraeg yn y llyfr hwn. 4. Y mae'r siop ar gau heddiw. 5. Y maent hwy yn hoffi chwarae golff ond nid ydynt hwy yn hoffi gweithio. 6. Y mae'r plentyn yn canu ac yn dawnsio yn yr ysgol. 7. Y mae'r ddafad a'r afr yn pori ar yr ynys. 8. Y mae'r ci yn rhedeg trwy'r cae i'r ardd. 9. Yr ydych chwi yn ysgrifennu ar y papur. 10. Y mae ef yn eistedd ar y gadair wrth y bwrdd yn y gegin.

Exercise 4. I live in London. I work there also. I do not live in the country and I do not work there. I rise every morning at seven o'clock and go to the office by nine o'clock. I stop and write there through the day. I get dinner at one o'clock. I get tea at five o'clock. I go to bed at ten o'clock at night. I do not work Saturday. I go to church every Sunday morning.

LESSON 4.

Exercise 1. 1. Are you reading a book now? No, I am writing a letter. 2. Is the boy playing in the garden? No, he's playing in the park. 3. Do you like learning Welsh? Yes. 4. Is the girl singing in the choir? Yes. 5. Does the child go to the school every day? No, he stays in the house sometimes.

Exercise 2. 1. A ydynt hwy yn byw yn y dref? Nac ydynt, y maent hwy yn byw yn y wlad. 2. A wyf i yn ysgrifennu yn awr? Nac ydych, yr ydych chwi yn darllen llyfr. 3. A ydyw'r fam yn caru'r plentyn? Ydyw. 4. A ydyw'r plismon yn sefyll ar y sgwar? Ydyw, y mae ef yno bob dydd. 5. A ydyw'r ddafad yn pori yn y cae? Nac ydyw, y mae hi'n pori ar y mynydd.

Exercise 3. Is the father stopping in the house? No, he is going to the factory. Is the mother going to the factory? No, she is working in the house. She is washing dishes and preparing food. Is the child staying in the house? No, he is going to the school.

LESSON 5.

Exercise 1. 1. Y mae ef yn byw ac yn gweithio yn Llundain. 2. Y mae ef yn codi am saith o'r gloch. 3. Y mae ef yn mynd i'r swyddfa bob bore. 4. Y mae ef yn cael cinio am un o'r gloch. 5. Y mae ef yn mynd i'r gwely am ddeg o'r gloch. 6. Y mae ef yn cael tê am bump o'r gloch. 7. Nac ydyw, nid yw ef ddim yn gweithio bob dydd. 8. Y mae ef yn ysgrifennu. 9. Y mae ef yn yr eglwys. 10. Y mae ef yn yfed tê yn y swyddfa.

Exercise 2. 1. Sut y mae'r bachgen heddiw? 2. Nid yw ef yn dda iawn. 3. Pa bryd y mae'r bws hwn yn mynd? 4. I ble y mae'r bws yn mynd? 5. O ble mae'r llythyr hwn yn dod? 6. Sut yr ydych chwi yn mynd o'r dref hon i Abertawe? 7. Y mae'r bws hwn yn mynd am saith o'r gloch. 8. Y mae'r tad a'r fam yn eistedd wrth y tân. 9. Y mae'r bws yn mynd o'r pentref hwn i Gaerdydd. 10. Y mae'r ffordd o Gaerdydd i Abertawe yn mynd trwy Benybont.

Lesson 6.

Exercise 1. a very good boy, fair play, a new house, speckled (i.e. currant) bread, a little boy, a clean heart, a cheerful evening, a red castle, a new bridge, a black pool, a little village, a short time, a short road, a grey island, a white river, a little dog, a big house, a little church, the white stone, a good book, a pleasant hill, tea time, a corner cupboard, a strong breeze.

Exercise 2. y fasged hon, y fusnes hon, y gath hon, y goron hon, y got hon, y ddesg hon, yr eglwys hon, y fforc hon, yr ardd hon, yr het hon, y fam hon, y bobl hon, y boced hon, y botel hon, y siop hon, y stori hon, yr ysgol hon.

Exercise 3. y faner ddu, y fasged drom, y gath fach, y goron gron, y got wleb, y ddesg gref, yr eglwys Gymreig, y fforc fawr, yr ardd hardd, yr het front, y fam dda, y bobl arall, y boced fawr, y botel fach, y stori fer, yr ysgol newydd.

Exercise 4. bachgen hapus, car cyflym, amser byr, bws coch, papur gwyn, tebot du, plismon tal, map gwyrdd, llyfr diddorol, cap tlws iawn, bachgen da iawn.

Exercise 5. cot newydd, y capel mawr, y ddesg drom, yr het dlos, cath fach, baner goch, y tŷ oer, gardd werdd, llyfr diddorol iawn, tê da iawn.

Lesson 7.

Exercise 1. yr enw, yr enwau; y llyfr, y llyfrau; y cae, y caeau; y tad, y tadau; y bryn, y bryniau; y dyn, y dynion; y mynydd, y mynyddoedd; y llyn, y llynnoedd; y bachgen, y bechgyn; y cap, y capiau.

Exercise 2. y gadair, y cadeiriau; y ffordd, y ffyrdd; y gath, y cathod; yr eneth, y genethod; y ddesg, y desgiau; y fam, y mamau; yr ysgol, yr ysgolion; yr afon, yr afonydd; y dref, y trefi, yr heol, yr heolydd.

Exercise 3. y beisicl, y beisiclau; y bwrdd, y byrddau; y bws, y bysiau; y capel, y capeli; y castell, y cestyll; y cloc, y clociau; y faner, y baneri; y fasged, y basgedi; y gath, y cathod;

y goron, y coronau; y cwpwrdd, y cypyrddau; y llythyr, y llythyrau; y dreser,' y dreseri; yr het, yr hetiau; y papur, y papurau; y boced, y pocedi; y botel, y poteli.

Exercise 4. Y mae ef yn darllen. Yr ydym ni yn gweithio. Y maent hwy yn hoffi. Yr wyf i yn eistedd. Yr ydych chwi yn chwarae. Yr wyf i yn dysgu.

Exercise 5. Mam, y fam, y fam hon; gardd, yr ardd, yr ardd hon; desg, y ddesg, y ddesg hon, cadair, y gadair, y gadair hon; bachgen, y bachgen, y bachgen hwn.

Exercise 6. Nid wyf i ddim yn gweithio. Nid yw ef ddim yn darllen. Nid yw'r bachgen ddim yn darllen. Nid ydynt hwy ddim yn eistedd. Nid yw'r bechgyn ddim yn eistedd. Nid wyf i ddim yn hoffi. Nid ydych chwi ddim yn sefyll.

Exercise 7. A ydych chwi yn darllen? Ydwyf. A yw ef yn hoffi coffi? Ydyw. A ydynt hwy yn eistedd? Nac ydynt.

Exercise 8. Ble (y) mae'r gath? Ble (y) mae hi yn eistedd? Pa bryd (y) mae'r bws yn mynd? Pa bryd (y) mae'r car yn dyfod. Sut yr ydych chwi?

LESSON 8.

Exercise 1. I have a corner cupboard. She has a little dog. I have a red apple. They have a good father. The man has a green garden. The boy has a little chair.

Exercise 2. Y mae pensil gennyf i (Y mae gennyf i bensil). Y mae cath ddu ganddo ef. (Y mae ganddo ef gath ddu). Y mae capiau gan y dynion (Y mae gan y dynion gapiau). Y mae basged drom gan Eluned. (Y mae gan Eluned fasged drom). Y mae desgiau gan y bechgyn (Y mae gan y bechgyn ddesgiau). Y mae mam dda gan y bachgen hwn. (Y mae gan y bachgen hwn fam dda).

Exercise 3. I have a garden. I like working in the garden. Eluned goes to the factory every morning; she doesn't like working in the factory. Mother likes coffee but I like drinking strong tea.

Exercise 4. yr afon, y fasged, y gadair, y gath, y got, y graig, y ddesg, y ddafad, yr eglwys, y ffenestr, yr afr, yr ardd, yr eneth, yr het, yr iar, y llong, y fam, y noson, y boced, y bont, y rheol, y siop, y dref, yr ynys, yr ysgol.

Exercise 5. Yr afalau, y llyfrau, y caeau, y tadau, y desgiau, y bryniau, y capiau, y dynion, yr ysgolion, yr athrawon, y ffenestri, y trefi, yr afonydd, y cathod, y bechgyn, y gerddi.

Lesson 9.

Exercise 1. 1. Is there a goat on the mountain? No, there isn't a goat on the mountain. 2. Is there (any) bread on the table? Yes, there is bread on the table. 3. Are there (any) men on the square? No, there aren't (any) men on the square. 4. There isn't a dog in the house. 5. The dog is not in the room. 6. I haven't a car. 7. The bus is not going to Aberystwyth. 8. There isn't a bus today. 9. There's nobody in the house. 10. Is there enough bread in the kitchen?

Exercise 2. 1. A ẉw ef yn gweithio? Nac ydẉw. 2. A oes llyfrau yn y cwpwrdd? 3. Nid ẉw'r eneth ddim yn darllen y llyfr hwn. 4. Y mae map ar y wal (mur). 5. Nid oes car ganddo ef. 6. A oes beisicl ganddo ef? Nac oes, nid oes beisicl ganddo ef. 7. Llawer o fara. 8. Y mae gormod o siwgr yn y tê hwn.

Exercise 3. (*a*) afal coch, bachgen da, bws gwyrdd, y cae bach, y dyn hapus, y car cyflym, papur gwyn, y dyn tal. (*b*) basged newydd, y gath fawr, gardd werdd, y boced fach, potel gron, fforc front, geneth hardd.

Lesson 10.

Exercise 1. 1. I shall be going to the cinema. 2. He will be singing in the church. 3. We shall be playing in the field. 4. The boy will be stopping in the house. 5. They will be standing in the square. 6. I shall be drinking tea. 7. They will be sitting in the black chair. 8. I shall not be going to the shop. 9. Will you be walking to the town? No, I shall not be walking. 10. Will the father be working in the factory tomorrow? He will.

Exercise 2. 1. Ni fyddaf i yn mynd i'r tŷ. 2. A fyddwch chwi yn dyfod i'r bws? 3. A fydd y bws yn aros yn y stryd? Na fydd, ni fydd ef yn aros. 4. A fydd y bechgyn yn chwarae yn yr ystafell? Byddant. 5. Y mae bara ar y bwrdd. 6. A oes cwpwrdd gennych chwi? Oes, y mae cwpwrdd gennyf i. 7. Nid oes pensil gennyf i. 8. A fydd amser gennych chwi yfory? Bydd, fe fydd amser gennyf i. 9. Ni fydd llyfr gennyf i. 10. Ni fyddwn ni ddim yn hoffi yfed coffi cryf.

Exercise 3. 1. Bydd y bws yn aros yn y stryd. 2. Bydd hi yn cerdded i'r fferm. 3. A fydd ef yn hoffi canu yn y capel? 4. Ni fydd y ddafad yn pori yn y cae. 5. Ni fydd dim coffi yn y cwpan. 6. Fe fydd gardd brydferth gennyf i. 7. A fydd ci gennych chwi? Bydd. Fe fydd ci gennym ni. 8. Ni fydd y tad ddim yn dysgu darllen Cymraeg. 9. A fyddwch chwi yn aros yma? Na fyddaf, ni fyddaf i ddim yn aros. 10. A fyddant hwy yn cysgu yn y tŷ hwn? Byddant, fe fyddant hwy yn cysgu yma.

POSSESSION. PREPOSITIONS

When one thing belongs or appertains to another, the word *of* is used in English to denote the relationship, e.g. 'the corner *of* the room'. In Welsh, 'of the room' makes the word 'corner' definite, so that the first definite article 'the' is not needed. The juxtaposition of the words 'corner' and 'the room' in Welsh renders the translation of the word 'of' unnecessary. Thus, all that is left for translation is:

(the) corner (of) the room: cornel yr ystafell.

Similarly, (the) middle (of) the picture: canol y darlun.

As there is no indefinite article in Welsh, 'the corner of a picture' would be translated thus:

(the) corner (of) (a) picture: cornel darlun.

This construction is quite common in place names, e.g. Aber-ystwyth (the) mouth (of) Ystwyth (the river Ystwyth) Llan-nonn (the) church (of) Nonn.

Possession by a living creature is denoted by apostrophe s ('s) in English, e.g. 'a man's hat'. To translate such phrases into Welsh, they must first be turned into the above 'of' construction: thus

The man's hat =(the) hat (of) the man: het y dyn.

The dog's tail =(the) tail (of) the dog: cwt y ci.

With the indefinite article:

A horse's tail =(the) tail (of) (a) horse: cwt ceffyl.

A man's hat =(the) hat (of) (a) man: het dyn.

A land of poets =(a) land (of) poets: gwlad beirdd.

It will be noticed that, in Welsh, the thing referred to comes first, then the possessor: het y dyn. Note the close parallel between this type of phrase and the adjectival phrase 'het ddu' (a black hat).

When a noun is used as an adjective in English, the above construction is used in Welsh, e.g.

The river bridge =(the) bridge (of) the river: pont yr afon.

The church tower =(the) tower (of) the church: twr yr eglwys

A corner cupboard =(a) cupboard (of) (a) corner: cwpwrdd cornel.

A corner house: tŷ cornel.

This kind of phrase can be extended:

The colour of the garden door: (the) colour (of) (the) door (of) the garden. Lliw drws yr ardd.

The colour of John's coat: (the) colour (of the) coat (of) John. Lliw cot Siôn.

Prepositions

A preposition is a word used in front of a noun to describe relation to another word in a sentence, e.g.

Y mae'r pensil *ar* y bwrdd: the pencil is *on* the table.

Y mae'r ci yn gorwedd *wrth* y tân: the dog is lying *near* the fire.

ar and *wrth* are prepositions.

There are a dozen prepositions in Welsh that are followed by Soft Mutation.

This rhyme will be found a useful way to remember them:

> am ar at
> dros drwɥ dan
> i wrth o
> hɥd heb gan

am (for, at), ar (on), at (to, i.e. towards), dros *or* tros (over), drwɥ *or* trwɥ (through), dan *or* tan (under), i (to i.e. into), wrth (by, near), o (of, from), hɥd (until), heb (without), gan (with). As these are followed by the Soft Mutation, let us revise it.

Initial letter	C	P	T	G	B	D	LL	M	RH
Changes to	G	B	D	—	F	DD	L	F	R

In other words, ceiniog (penny) changes to geiniog; pen (head) to ben; tad to daɗ; geneth (girl) to eneth; bachgen to fachgen; drws (door) to ddrws; llaw (hand) to law; mynɥdd to fynɥdd; rheol (rule) to reol.

AM, AR, AT, DROS, DRWɥ, DAN, I, WRTH, O, HɥD, HEB, GAN, will change initial letters of words following them according to the table above. Thus:

Dau o'r gloch : two o'clock	am ddau o'r gloch : at two o'clock
Pont yr afon : the river bridge	ar bont yr afon : on the river bridge
Drws y tɥ : the door of the house	at ddrws y tɥ : towards the door of the house
Pont yr afon : the river bridge	dros bont yr afon : over the river bridge
Caeau 'r ffermwr : the farmer's fields	drwɥ gaeau 'r ffermwr : through the farmer's fields
Coed yr ardd : the trees of the garden	dan goed yr ardd : under the trees of the garden

Pen y mynydd : the top of the mountain	i ben y mynydd : to the top of the mountain
Prynu llyfr : to buy a book	Yr wyf i yn mynd i brynu llyfr: I am going to buy a book
Glyn Ebwy : Ebbw Vale	Croeso i Lyn Ebwy : welcome to Ebbw Vale
Drws y tŷ : the door of the house	wrth ddrws y tŷ : by the door of the house
tŷ : house	o dŷ i dŷ : from house to house
tŷ Mrs. Morgan : Mrs. Morgan's house	o dŷ Mrs. Morgan : from Mrs. Morgan's house
Deuddeg o'r gloch : twelve o' clock	hyd ddeuddeg o'r gloch : until twelve o'clock
Ceiniog : a penny	heb geiniog : without a penny
Duw : God : dim : anything	heb Dduw, heb ddim
Tad y bachgen : the boy's father	gan dad y bachgen : with the boy's father
The boy's father has a hat = there is a hat with the boy's father	= Y mae het gan dad y bachgen. [Lesson 8.]

Note that these prepositions frequently appear in front of possessive phrases and mutate the first noun.

cae'r ffermwr (the farmer's field) = ar gae'r ffermwr (on the farmer's field).

Of course, if these prepositions are not *immediately* followed by the noun, they do not influence it:—

y cae (the field)   ar y cae (on the field)

Exercise 1. (Revision of Lesson 2). Put y or yr before the following feminine nouns: remember that y takes soft mutation when followed by a feminine singular noun: afon, basged, buwch (cow), carreg, cegin, craig (rock), ceiniog (penny), cloch, dinas (city), eisteddfod, ffilm, fferm, gwlad (country), het, nant (stream), ochr (side), pêl (ball), pont, mam, storm, taith (journey), telyn (harp), ynys (island), ysgol.

Exercise 2. (From the vocabulary at the end of the book, find out the plurals of the above and write y or yr before them).

Exercise 3. Put y or yr before the following nouns in singular and plural. (Any you do not know can be found in the Vocabulary at the end of the book): ateb (answer), bardd (bard), ceffyl (horse), cath, darlun, eglwys, gwynt (wind), glan (bank), newydd (news), parsel, pont, map, teisen (cake), ŵy (egg).

Exercise 4. Adjectives. Make the following adjectives in brackets agree with their noun *where necessary*. Remember that a feminine singular noun causes soft mutation to the adjective following it: bachgen (bach), basged (brown), carreg (gwyn), cegin (bach), dinas (mawr), ffilm (da), gwlad (prydferth), the (coch), ceffyl (gwyn), ynys (glas), bryn (teg), dyn (tal), merch (tal), eglwysi (mawr), capeli (bach), cathod (du), tebot (poeth), llyfrau (diddorol).

Exercise 5. Possession. (*a*) Put into English: car y dyn, Aberdâr, cloc y fam, beisicl y bachgen, dafad y ffermwr, cloch yr eglwys, cegin y fferm, het bachgen, cwt cath, desg ysgol. (*b*) Put into Welsh: the river bridge, the door of the house, the middle of the room, the corner of the house, the tower of the school, a boy's cap, a boy's bicycle.

Exercise 6. Prepositions. (*a*) Put into Welsh: over the stone, through the farmer's house, under the mountain, to the man's house, from house to house, from book to book, towards the church tower, on the kitchen table, on the top of the mountain, at two o'clock, the boy's mother has a pretty hat, without a penny, without a mother. (*b*) Put into English: dyn o'r cwm, wrth y tân, ar dŵr yr eglwys, i ddrws y tŷ, o gornel yr ystafell, o dref i dref, y mae lliw brown gan ddrws y ffatri, y mae ef yn cerdded drwy ganol y caeau, o Lanelli i Gaerdydd.

Exercise 7. Put into English: 1. A oes bara ar ganol y bwrdd? Oes, y mae digon o fara ar y bwrdd. 2. A ydych chwi yn mynd yn y bws i Benybont? Ydwyf. 3. I ble y mae'r bws hwn yn mynd? Y mae'r bws hwn yn mynd i Aberystwyth. 4. Yr ydym ni yn dysgu darllen Cymraeg. 5. Nid yw'r bechgyn ddim yn hoffi tê cryf ond y maent hwy yn hoffi coffi. 6. A ydyw'r ci yn gorwedd ar y mat wrth y tân? Ydyw. 7. Sut yr ydych chwi? 8. Pa bryd y mae'r sinema yn agor? Y mae hi yn agor am ddau o'r gloch. 9. Y mae gardd hardd gennyf i ond nid ydwyf i ddim yn hoffi gweithio yn yr ardd. 10. A oes dafad yn y cae hwn? Nac oes, nid oes dim ar y mynydd. 11. Y mae'r bws yn mynd o'r pentref i'r dref ond y maent hwy yn cerdded i'r dref; nid ydynt hwh ddim yn mynd yn y bws. 12. A ydych chwi yn mynd i'r sinema? Yr wyf i yn mynd i brynu bara yn y siop hon (prynu = to buy). 13. Ar y gornel y mae siop fach. 14. Y mae ef yn mynd i'r parlwr (parlour) i ganu (canu = to sing) wrth y piano. Y mae ef yn hoff (fond) iawn o ganu. 15. Y mae cap newydd gennyf i. 16. Y mae ceiniog gan y bachgen bach. 17. Nid oes dim llyfrau gennyf i yn yr ardd. Y maent hwy yn y ddesg yn yr ysgol. 18. Nid wyf i ddim yn hoffi darllen. 19. Nid oes dim gardd gennym ni. 20. Nid oes dim gerddi yn y stryd hon.

SOME USES OF YN

When an adjective or describing word comes after any part of the verb 'to be', it is preceded by the word 'yn'.

Cold = oer but *I am cold* = Yr wŷf i yn oer (Yr wŷf i'n oer).
New = newŷdd but *the book is new* = Y mae'r llyfr yn newŷdd.
After a vowel YN becomes 'N.
This YN mutates the adjective which follows it:

Initial Letter (Radical)	C	P	T	G	B	D	M
Changes to (Soft Mutation)	G	B	D	—	F	DD	F

Thus for example:

COCH (yn goch)	The apple is red	Y mae'r afal yn goch.
PAROD (yn barod)	I am ready	Yr wŷf i yn barod (Yr wŷf i'n barod).
TAL (yn dal)	The boy is tall	Y mae'r bachgen yn dal.
GLAN (yn lân)	the town is clean	Y mae'r dref yn lân.
BACH (yn fach)	the boys are small	Y mae'r bechgŷn yn fach.
DRWG (yn ddrwg)	you are wicked	Yr ydŷch chwi yn (chwi'n) ddrwg.
MAWR (yn fawr)	he is big	Y mae ef yn fawr.

Note that YN does *not* mutate words beginning with LL or RH.

LLAWEN (yn llawen)	The mother is cheerful	Y mae'r fam yn llawen.
RHYFEDD (yn rhyfedd)	The story is wonderful	Y mae'r stori yn rhyfedd (stori 'n rhyfedd).

YN is used in a similar manner before Nouns

Tad (yn dad)	I am a father	Yr wŷf i yn dad (Yr wŷf i'n dad).
Mam (yn fam)	She is a mother	Y mae hi yn (hi'n) fam.
Bachgen (yn fachgen)	You are a good boy	Yr ydŷch chwi yn (chwi'n) fachgen da.
Llongwr (yn llongwr)	He is a sailor	Y mae ef yn llongwr.

Further Examples

Cadair (yn gadair)	Y mae hon yn gadair newydd	This is a new chair.
Pont (yn bont)	Y mae hon yn bont haearn	This is an iron bridge.
Tŷ (yn dŷ)	Y mae hwn yn dŷ hardd	This is a beautiful house.
Gardd (yn ardd)	Y mae hon yn ardd brydferth	This is a pretty garden.
Bardd (yn fardd)	Y mae ef yn fardd mawr	He is a great poet.
Dinas (yn ddinas)	Y mae Caerdydd yn ddinas hardd	Cardiff is a beautiful city.
Mynydd (yn fynydd)	Y mae'r Wyddfa yn fynydd mawr	Snowdon is a big mountain.
Llong (yn llong)	Y mae'r 'Queen Elizabeth' yn llong fawr	The 'Queen Elizabeth' is a big ship.
Rhan (yn rhan)	Y mae'r ystafell yn rhan o'r tŷ	The room is part of the house.

Note the following patterns involving the use of YN:

The boy is—singing:	Y mae'r bachgen—yn—canu
The boy is—happy:	Y mae'r bachgen—yn—hapus
The boy is—a scholar:	Y mae'r bachgen—yn—ysgolhaig

Adverbs

Most adverbs are formed in English by adding LY to the adjective (e.g. nice—nicely; swift—swiftly). Adverbs are generally formed in Welsh by putting YN (followed by the Soft Mutation, as above) *before* an adjective.

C	cyflym	: quick	yn gyflym	: quickly
P	perffaith	: perfect	yn berffaith	: perfectly
T	tawel	: quiet	yn dawel	: quietly
G	gofalus	: careful	yn ofalus	: carefully
B	balch	: proud	yn falch	: proudly
D	da	: good	yn dda	: well
M	melys	: sweet	yn felys	: sweetly
LL	llawen	: glad	yn llawen	: gladly
RH	rhad	: cheap	yn rhad	: cheaply

Other Adverbs (*not formed with* YN)

Adverbs of time

heddiw, today; heno, tonight; ddoe, yesterday; yfory, tomorrow; nawr *or* rwan, now; neithiwr, last night; gynt, formerly; yna, then; erioed, ever (of past time); byth, ever (of future time): Cymru am byth, Wales for ever; eto, again, yet, still; wedyn, afterwards.

Adverbs of place
Adref, homewards; gartref, at home; allan, out; acw, hwnt, yonder; yno, there; yma, here; i fynɥ, up; i lawr, down; yn ôl, back; ymlaen, forward; draw, yonder.

Adverbs of quantity
Prin *or* braidd, hardly, scarcely; i gɥd, all.

Demonstrative Adverbs
Dyma: here is, here are
Dyna: there is, there are
Dacw: yonder is, yonder are
These three adverbs are used to point to a visible object.
Dyma'r eglwɥs: here's the church.
Dyna'r tɥ: there's the house.
Dacw'r mynɥdd: yonder is the mountain.

Dyma, Dyna, Dacw are followed by Soft Mutation

Cloc, a clock	dyna gloc y dref: that's the town clock
Papur, paper	dyma bapur: here's paper.
Tê, tea	dyma dê: here's tea.
Gardd, garden	dyna ardd y ffermwr: there's the farmer's garden.
Beisicl, bicycle	dacw feisicl y plismon: yonder is the policeman's bicycle.
Desg, desk	dyna ddesg y bachgen: there's the boy's desk.
Llyfr, book	dyma lyfr da: here's a good book.
Mynɥdd, mountain	dacw fynɥdd mawr: yonder is a great mountain.
Rhan, part	dyma ran y bachgen: here's the boy's part.

These adverbs are frequently used as substitutes for the verb 'to be' in graphic narrative, past and present:
dyma fi, dyma ti, dyma fe, dyma hi, dyma ni, dyma chwi, dyma hwy: here I am, here thou art, here he is, etc.
dyma fi'n dyfod: I'm coming (lit. here I am coming).
dyna hi'n mɥnd: she's going (lit. there she is going).
dacw fe'n syrthio: he's falling (note FE is used colloquially instead of EF in these constructions.)
Before doing the exercises, read this:—
Soft Mutation

Radical	C	P	T	G	B	D	LL	M	RH
Changes to	G	B	D	—	F	DD	L	F	R

Remember there is Soft Mutation.

1. After Y or YR or 'R when the noun is Feminine Singular. Cadair—Y Gadair but not with LL or RH: llaw, y llaw, rheol, y rheol.

2. When an adjective follows a Feminine Singular Noun. coch (red)—y ddraig goch, the red dragon.

3. After YN with an adjective or noun: parod (ready)—yr wŷf i yn barod: I am ready, but not with LL or RH, i.e. yn llawen.

Exercise 1. Put Y or YR before the following nouns (*a*) Masculine: afal, arian, beisicl, darlun, papur. (*b*) Feminine: afon, baner, pont, teisen, gardd, buwch, dinas, llong, merch, rhan.

Exercise 2. Put the above nouns in the plural.

Exercise 3. Put YN before the following adjectives: agored (open), bach, byr, cyflym, da, drwg, du, gwir (true), gwyn, hapus, llawen, melys, newydd, oer (cold), parod, siwr (sure), tal, teg.

Exercise 4. Make the following adjectives agree: (*a*) Masculine nouns: amser (byr), bardd (diddorol), dyn (trwm), newydd (da). (*b*) Feminine nouns: basged (trwm), craig (mawr), desg (brown), pobl (creulon), mam (perffaith).

Exercise 5. Read in Welsh and translate into English: 1. Y mae'r bachgen yn dal; nid yw ef ddim yn fyr. 2. Y mae'r rhosyn (rose) yn goch. 3. Nid yw'r cwpwrdd ddim yn frown. 4. Y mae Olwen yn ferch ddrwg. 5. Y mae'r tê yn barod. 6. Nid yw fferm Mr. Thomas ddim yn fferm fawr. 7. Ar ganol y stryd y mae llawer o bobl yn cerdded yn gyflym drwy'r dref. 8. Diolch (thanks) yn fawr. 9. Y maent hwy yn canu yn araf (slowly) [Y maent hwy'n canu'n araf]. 10. Yr wyf i yn dysgu siarad yn dda. 11. Nid yw'r ferch ddim yn canu yn felys. 12. Yr ydym ni yn mynd yn rhad yn y bws. 13. Sut yr ydych chwi heddiw? Yn dda iawn, diolch. 14. Ar ben y castell y mae baner. 15. Sut y mae pawb (everybody) gartref?. 16. Yr ydym ni yn mynd allan i dê. 17. Y mae gennyf i gwpwrdd cornel yn y gegin. 18. A oes gan Siôn (John) het? Nac oes, nid oes gan Siôn het. Y mae ef yn mynd i weld (gweld=see), yr eglwys. Ar y ffordd y mae ef yn mhnd i siop groser (grocer) ar y cornel. Yno y mae Siôn yn prynu bisgedi i'r ci. 19. Nid wyf i ddim yn mynd i'r ysgol fach yn y pentref. 20. Yr wyf i yn mynd i lawr i'r dref. 21. Y mae Siôn yn aros gartref. Nid yw ef ddim yn hoffi mynd i'r ysgol. 22. Dyma fachgen yn dawnsio. Dyma ferch yn chwarae. 23. Dyma fi yn barod i dê. A ydqw'r tê yn barod? A ydqw'r deisen yn neis (nice)? 24. Ble yr ydqch chwi yn bqw (live)? 25. Ar ddesg Miss Hqwel y mae blodau (blodeuun, blodau, m. flower) hardd. 26. Dyna'r gloch yn canu. 27. Y mae'r tad yn eistedd yn y gadair ac y mae ef yn darllen papur ac yn smocio (smoke). 28. Ar ganol y bwrdd y mae bara (a) menun (butter).

THE IMPERFECT TENSE

The Imperfect Tense expresses action in progress at a certain point in the past, e.g.

> *I was walking* down the street when . . .
> *He was writing* a letter while . . .
> *We were going* to the cinema as . . .

The Imperfect Tense of BOD, 'to be'.

Yr oeddwn i : I was	Yr oeddem ni	: we were
Yr oeddit ti : thou wast	Yr oeddech chwi	: you were
Yr oedd ef : he was	Yr ⎰ oeddent	
Yr oedd hi : she was	Yr ⎱ oeddynt	hwy : they were

As usual, when the subject is any word but 'hwy' in the Third Person, the verb is always in the Third Person Singular.

<table>
<tr><td>The boy was</td><td>—</td><td>Yr oedd y bachgen</td></tr>
<tr><td>The boys were</td><td>—</td><td>Yr oedd y bechgyn</td></tr>
<tr><td>They were</td><td>—</td><td>Yr oeddynt hwy</td></tr>
<tr><td>Yr oedd y ffilm yn dda iawn</td><td>—</td><td>the film was very good.</td></tr>
</table>

As in English, this verb can be used as an auxiliary verb to assist other verbs to form the Imperfect Tense:

> Yr oeddwn i yn cerdded i lawr y stryd pan . . .
> I was walking down the street when . . .
> Yr oedd hi yn bwrw glaw ddoe
> It was raining yesterday

Negative

In the negative NID is substituted for YR:

> Nid oeddwn i ddim yn siarad: I was not talking.
> Nid oedd ef ddim yn darllen: he was not reading.
> Nid oeddem ni ddim yn smocio: we were not smoking.

Interrogative

Questions in this tense are introduced by A . . . ?

> A oeddech chwi yno?   Were you there?
> A oedd y bechgyn yn y car?   Were the boys in the car?

In answer to questions, the appropriate forms of the verb are used as in the Present and Future Tenses.

Tabulated Answers

Affirmative	Negative
Oeddwn, yr oeddwn i— Yes, I was.	Nac oeddwn, nid oeddwn i ddim— No, I was not.
Oeddit, yr oeddit ti— Yes, thou wast.	Nac oeddit, nid oeddit ti ddim— No, thou wast not.
Oedd, yr oedd ef— Yes, he was.	Nac oedd, nid oedd ef ddim— No, he was not.
Oedd, yr oedd hi— Yes, she was.	Nac oedd, nid oedd hi ddim— No, she was not.
Oeddem, yr oeddem ni— Yes, we were.	Nac oeddem, nid oeddem ni ddim— No, we were not.
Oeddech, yr oeddech chwi— Yes, you were.	Nac oeddech, nid oeddech chwi ddim—No, you were not.
Oeddent, yr oeddent hwq— Yes, they were.	Nac oeddent, nid oeddent hwq ddim—No, they were not.
Oedd, yr oedd y bachgen— Yes, the boy was.	Nac oedd, nid oedd y bachgen— No, the boy was not.
Oeddent, yr oedd y bechgqn— Yes, the boys were.	Nac oeddent, nid oedd y bechgqn— No, the boys were not.

The Imperfect Tense of y mae gennyf i: I had (in my possession) is formed by substituting Yr oedd for Y mae.

Y mae car gennyf i: I have a car (there is a car with me).

Yr oedd car gennyf i: I had a car (there was a car with me).

The Negative and Interrogative are formed as above.

Nid oedd dim cot ganddo ef—he did not have a coat.

A oedd het newqdd ganddi hi?—Did she have a new hat?

Oedd, yr oedd ganddi hi het newqdd—Yes, she had a new hat.

Welsh Adjectives that come before the Noun

In Lesson 6, we learnt that most Welsh adjectives follow the noun: het newqdd, bachgen bach, ci da, llyfr du, etc. There are a few, however, that precede it. The most common are HEN (old), PRIF (chief) and ANNWYL ('dear' in correspondence, etc.): e.g. yr hen iaith—the old language (=Welsh) and prifathro=chief teacher=headmaster; prifysgol—university. Adjectives which precede the noun are followed by soft mutation: thus:

castell	but hen gastell	—an old castle.
gŵr	but hen ŵr	—an old man.
gwlad	but yr hen wlad	—the old country.
cwnstabl	but prif gwnstabl	—chief constable.
cyfaill	but annwyl gyfaill	—dear friend.

UNIG has two meanings:

> After the noun—'lonely', e.g. plentyn unig—a lonely child
> Before the noun—'only' (followed by soft mutation) unig
> blentyn: an only child.

Exercise 1 (Revision exercises in Present, Future and Imperfect tenses).   I am going, I shall be going, I was going: he is singing, he will be singing, he was singing: we are staying we shall be staying, we were staying: you are coming, you will be coming, you were coming: they are learning, they will be learning, they were learning: he has a dog, he will have a dog he had a dog.

Exercise 2 (Interrogatives and Negatives).   I am not answering (ateb). Shall I be answering? Was I answering? Is there bread on the table? No, there isn't bread on the table. Was there a paper in the shop? Yes, there was a paper. Will he be coming tonight? We were not going to the town. The boys were no singing in the street.

Exercise 3.   Read in Welsh and translate into English Yr oeddem ni yn cerdded i'r sinema neithiwr ac yr oedd hi'n bwrw glaw. Yr oedd y ffilm yn dda iawn. Yn y ffilm yr oedd her ŵr. Nid oedd dim arian ganddo ef: yr oedd ef yn byw yn y wlad ac yr oedd ci da ganddo ef. A ydych chwi yn hoffi mynd i'r sinema? Nid oes dim sinema yn y pentref, ond y mae sinema 'r dref yn fawr iawn.

Exercise 4.   Read in Welsh and say in English: Yr hen wlad, yr hen iaith, y mae prifysgol yn y dref, annwyl Eluned, bachgen da iawn, tŷ newydd, ffilm diddorol iawn.

POSSESSIVE ADJECTIVES

We have already learned the pronouns i, ti, ef, hi, ni, chwi, hwŷ. Now we are going to learn the possessive adjectives:

My	fy	fy mam *or* fy mam i	my mother
Thy	dy	dy fam *or* dy fam di	thy mother
His	ei	ei fam *or* ei fam ef	his mother
Her	ei	ei mam *or* ei mam hi	her mother
Our	ein	ein mam *or* ein mam ni	our mother
Your	eich	eich mam *or* eich mam chwi	your mother
Their	eu	eu mam *or* eu mam hwŷ	their mother

You will have noticed that Soft Mutation comes in here as well, e.g. mam, mother but dy fam, ei fam. Let us go carefully into this. You will be pleased to note that the plural forms EIN, EICH, EU are not followed by mutation. Thus TAD, father; ein Tad, our father; eich Tad, your father; eu Tad, their father.*

In the singular forms DY (thy) and EI (his) are followed by Soft Mutation.

Radical ..	C	P	T	G	B
Soft Mutation	G	B	D	—	F
Thus	CAP	PONT	TŴ	GARDD	BASGED
become after DY or EI ..	GAP	BONT	DŴ	ARDD	FASGED

Radical	D	LL	M	RH
Soft Mutation	DD	L	F	R
Thus	DARLUN	LLONG	MAT	RHOSŴN
become after DY or EI ..	DDARLUN	LONG	FAT	ROSŴN

* Later we shall see that EIN and EU aspirate any vowel that comes after them: ARIAN, money but EIN HARIAN, EU HARIAN, our money, their money.

Other examples

cadair, chair	: his chair	ei gadair *or* ei gadair ef.
pen, head	: his head	ei ben *or* ei ben ef.
trên, train	: his train	ei drên *or* ei drên ef.

EI (her), we shall leave to the next chapter.

FY (my) is followed by a new kind of Mutation, called the Nasal Mutation, because the consonants are, as it were, pronounced through the nose. This mutation affects SIX ONLY of the mutable consonants, C P T and G B D. It is the most awkward of the mutations. However it is easily acquired and its use is very restricted.

Nasal Mutation

Radical	C	P	T	G	B	D
Nasal Mutation	NGH	MH	NH	NG	M	N

Radical		Nasal Mutation	Pronunciation
C	*Calon* (heart)	Fy *ngh*alon i (my heart)	fy-ng-halon-i
P	*Pen* (head)	Fy *mh*en i (my head)	fy-m-hen-i
T	*Tafod* (tongue)	Fy *nh*afod i (my tongue)	fy-n-hafod-i
G	*Gwallt* (hair)	Fy *ng*wallt i (my hair)	fy-ng-wallt-i
B	*Braich* (arm)	Fy *m*raich i (my arm)	fy-m-raich-i
D	*Dant* (tooth)	Fy *n*ant i (my tooth)	fy-n-ant-i

Note well (a) the Nasal Mutation of C is NGH, (b) of T is NH. These two are apt to get mixed. If the pronunciation of NGH is found difficult, practise the English phrase 'hung halibut'. Notice, too, the pronouns which are sometimes put after the nouns, i.e. Fy nghalon *i*; ei fam *ef*. For emphasis, stress is laid on this pronoun:

> *My* book : fy llyfr *i*.
> *Our* garden : ein gardd *ni*.

A very useful exercise in connection with the Nasal Mutation is to point to various articles one possesses, e.g. cap, pensil, tebot, gwely, bag, darlun and say 'dyma fy nghap i, dyma fy mhensil i, dyma fy nhebot i, dyma fy ngwely i, dyma fy mag i, dyma fy narlun i.' (Here's my cap, pencil, teapot, bed, bag, picture.)

Words beginning with LL, M and RH remain unaffected by fy: fy llyfr i, fy mam i, fy rhosyn i.

You have already noted in previous lessons some of the uses of the word YN. YN can also be used as a preposition meaning IN and is followed by Nasal Mutation. [Apart from a few, *very rare* occasions, FY and YN are the only words which cause the Nasal Mutation. A useful mnemonic is to call it the FY-YNasal Mutation!]

Examples with YN (in)

Radical	Nasal Mutation	Pronunciation
Cymru (Wales)	Yng Nghymru (in Wales)	Y-ng-hymru.
Penybont (Bridgend)	Ym Mhenybont (in Bridgend)	Y-m-henybont.
Tyddewi (St. David's)	Yn Nhyddewi (in St. David's)	Y-n-hyddewi.
Gwlad yr haf (Somer-set)	Yng Ngwlad yr haf	Y-ng-wlad yr haf.
Bro Morgannwg (Vale of Glamorgan)	Ym Mro Morgannwg	Y-m-ro Morgannwg.
Dolgellau (Dolgelly)	Yn Nolgellau	Y-n-olgellau.

YN changes its form according to the Mutated form which follows it—YNG before NGH and NG; YM before MH and M; YN before NH and N.

Words beginning with LL, M, RH are not affected by YN.

> YN Llundain : in London.
> YM Morgannwg : in Glamorgan.
> YN RHydychen : in Oxford.

Further Examples of YN (in)

Cornel yr ystafell	(the) corner (of) the room	Yng nghornel yr ystafell: in the corner . . .
Poced y bachgen	the boy's pocket	Ym mhoced y bachgen: in the boy's pocket.
Tref Abertawe	the town of Swansea	Yn nhref Abertawe: in the town . . .
Gardd Siôn	John's garden	Yng ngardd Siôn: in John's garden.
Basged Sian	Jane's basket	Ym masged Sian: in Jane's basket.
Desg Ifan	Evan's desk	Yn nesg Ifan: in Evan's desk.

Apparent Exception
Cymraeg-Welsh   Yn Gymraeg (= Yn y Gymraeg)=in Welsh.

Revision of Mutations

Consonant	Radical	Soft Mutation	Nasal Mutation
C	*C*ap	*G*ap	(fy-yn) *NGH*ap
P	*P*en	*B*en	„ *MH*en
T	*T*ad	*D*ad	„ *NH*ad
G	*G*ardd	-ardd	„ *NG*ardd
B	*B*achgen	*F*achgen	*M*achgen
D	*D*esg	*DD*esg	*N*esg
LL	*LL*aw	*L*aw	*LL*aw (no change)
M	*M*am	*F*am	*M*am (no change)
RH	*RH*aff	*R*aff	*RH*aff (no change)

When to use these mutations:

Soft Mutation

1. Feminine Singular noun after article Y, YR, 'R.: pont, y bont.
    Exceptions LL, RH: llaw, y llaw; rhaff, y rhaff.
    (Lesson 2.)
2. After prepositions AM, AR, AT, DROS, DRWᴙ, DAN, I, WRTH, O, HᴙD, HEB, GAN: bachgen, gan fachgen.
    (Lesson 11.)
3. After the Predicative YN.
    bachgen, y mae ef yn fachgen da.
    da,   y mae'r bachgen yn dda.
    cyflᴙm,   y mae'r car yn mᴙnd yn gyflᴙm. (Lesson 12.)
    Exceptions LL, RH: llawen, y mae ef yn llawen.
4. After adjectives which precede nouns:
    pont, hen bont (an old bridge).   (Lesson 13.)
5. After dyma, dyna, dacw.
    ceffᴙl, dyma geffᴙl.
    mynᴙdd, dacw fynᴙdd.   (Lesson 12.)
6. Adjective after Feminine Singular Noun:
    da: geneth dda.
    bach: pont fach.   (Lesson 6.)
7. Verbs after particles FE and MI.
    Byddaf i: fe fyddaf i.   (Lesson 10.)
8. After the Negatives NI and NA:
    Byddaf i: Na fyddaf, ni fyddaf i ddim. (Lesson 10.)
9. After Interrogative A:
    Byddaf i: A fyddaf i?   (Lesson 10.)
10. After Dy (thy) and Ei (his):
    mam: dy fam, ei fam (thy mother, his mother).
    (Lesson 14.)

Nasal Mutation

11. After FY: Tŷ, fy nhŷ i. (Lesson 14.)
12. After YN: Tŷ, yn nhŷ 'r ffermwr. (Lesson 14.)

Exercise 1. (Practice putting EIN (our), EICH (your), EU (their) before the following nouns, e.g. desg, ein desg ni, 'eich desg chwi, eu desg hwy): baban (baby), bachgen, beisicl, brawd (brother), bws, cae, cap, cadair, car, cloc, cot, desg, dinas, gwaith (work), ffatri, ffordd, gardd, gwely, llyfr, llong, mat, mam, papur, poced (pocket), sinema, trên (train).

Exercise 2. (Practice putting EI (his) before following nouns with Soft Mutation, e.g. mam, ei fam ef) baban, beisicl, cap, car, desg, gwaith, gardd, llyfr, mam, mat, papur, taith (journey), ysgol.

Exercise 3. (Practice putting FY (my) before following nouns with Nasal Mutation, e.g. poced, fy mhoced i), afal, Beibl (Bible), brecwast (breakfast), bwced (bucket), calon, ceffyl, desg, enw, fferm, gwraig (wife), het, llaw, meddyg, parc, potel, swper (supper), tref, ysgol.

Exercise 4. Read in Welsh and translate into English:
1. Y mae fy nhad i yn byw yng Nghaerdydd. 2. A oes llyfr gan dy fam di? Oes, y mae llyfr ganddi hi. 3. Nid oes dim bara ar fy mwrdd i. 4. Ym masged ein mam ni y mae llawer o afalau. 5. Y mae llawer o bobl heddiw yn nhref Abertawe. 6. A yw ei frawd ef yn mynd i'r ysgol eto (yet)? 7. Nid oedd dim arian ym mhoced y bachgen. 8. Yr ydym ni yn dechrau darllen ein llyfr ni yn dda. 9. Y mae'r bechgyn yn siarad yn Gymraeg. 10. Ni fydd ei Dad ef ddim yn mynd i'r ffatri yfory.

Exercise 5. Translate into English:
Yr wyf i yn eistedd ar fy nghadair i yng ngardd y ffermwr. Y mae ef yn gweithio yn awr. Y mae'r haul (sun) yn boeth iawn ac yn wyf i yn gwisgo (wear) fy nghap ar fy mhen. Yr wyf i yn darllen papur Cymraeg: yr wyf i yn hoffi darllen fy mhapur i yn ei ardd ef. Y mae fy nghot i ar y llawr. Y mae'r adar (aderyn, adar, bird) yn canu yn felys; yr wyf i yn hapus iawn. Dacw fy mab i (mab, son) ar ben y bryn. Y mae ef yn mynd i dŷ'r athro. Y mae'r athro yn byw wrth yr eglwys ac y mae ganddo ef gar bach. Dyna'r car yn awr yn mynd trwy'r pentref. Nid yw ef yn mynd yn gyflym; y mae llawer o bobl (pobl, people) yn y stryd.

LESSON 15

POSSESSIVE ADJECTIVES
(continued)

EI (her)

EI meaning *HIS* is followed by the Soft Mutation: cap, ei gap, his cap: bachgen, ei fachgen, his boy, etc.

EI meaning *HER* is followed by a different kind of Mutation, called the Spirant or Aspirate Mutation.

Letter	Radical	Aspirate
C	*c*ath	*ch*ath
P	*p*en	*ph*en
T	tad	*th*ad

Three consonants only are affected by this mutation, *C, P, T*. If you prepare your mouth, lips, throat and teeth for these sounds and then expel your breath forcibly, you will get the Aspirate Mutation, C changing to CH (pronunciation as in 'loch'), P to PH, T to TH. The Aspirate Mutation of *PEASANT* in English would be *PHEASANT*, and that of *TICK* would be *THICK*.

Examples

Calon	: ei *ch*alon hi	: her heart.
Papur	: ei *ph*apur hi	: her paper.
Telyn	: ei *th*elyn hi	: her harp.

In addition EI (her) also aspirates vowels:

Enw	: ei henw hi	: her name.
Arian	: ei harian hi	: her money.

Now we have been through all the persons, we MUST commit the following table to memory:—

Radical	Nasal	Soft	Soft	Spirant
	Fy (my)	Dy (thy)	Ei (his)	Ei (her)
Calon	fy *ngh*alon i	dy galon di	ei galon ef	ei *ch*alon hi
Pen	fy *mh*en i	dy ben di	ei ben ef	ei *ph*en hi
Tad	fy *n*had i	dy dad di	ei dad ef	ei *th*ad hi
Gwaith	fy *ng*waith i	dy -waith di	ei -waith ef	ei gwaith hi
Beisicl	fy meisicl i	dy feisicl di	ei feisicl ef	ei beisicl hi
Desg	fy nesg i	dy ddesg di	ei ddesg ef	ei desg hi
Llyfr	fy llyfr i	dy lyfr di	ei lyfr ef	ei llyfr hi
Mam	fy mam i	dy fam di	ei fam ef	ei mam hi
Rhosyn	fy rhosyn i	dy rosyn di	ei rosyn ef	ei rhosyn hi
Vowel enw	fy enw i	dy enw di	ei enw ef	ei henw hi

From the above table you can see that the Nasal Mutation of any word beginning with C is NGH, that the Spirate Mutation of T is TH, that the Soft Mutation of B is F and so on. You should experiment by substituting other radical forms of words and mutating them as above, e.g.:

cadair, fy nghadair i, dy gadair di, ei gadair ef, ei chadair hi.

Contractions

After certain words, FY, DY, EI, EIN, EICH, EU, contract thus:—

Fy	: 'm*	My	Ein	: 'n	Our
Dy	: 'th*	Thy	Eich	: 'ch	Your
Ei	: 'i or 'w	His	Eu	: 'u or 'w	Their
Ei	: 'i or 'w	Her			

These contractions are used after the prepositions â (with = meaning an instrument), gyda (with = meaning 'accompanied by'), tua (towards), i (to), o (from, of) and the conjunctions a (and), na (nor, than). Here are examples of a, o, i:—

	fy	dy	ei	ein	eich	eu
with a	*a'm*	*a'th*	a'i	a'n	a'ch	a'u
„ o	*o'm*	*o'th*	o'i	o'n	o'ch	o'u
„ i	*i'm*	*i'th*	i'w	i'n	i'ch	i'w

Apart from the ones in italics, the contractions are just what one would make naturally. The others require more care, e.g.

â'm llaw—with my hand: fy mam a'm tad—my mother and my father.

Notes on the above contractions

1. All the contracted forms follow the same rules of mutation as the longer forms, with the exception of 'm which is *not* followed by a mutation.

2. After the preposition 'i', the form 'w' is used to avoid i'i, i'u; e.g. i'w dŷ—to his house, i'w thŷ—to her house, i'w tŷ—to their house.

3. After other words ending in vowels, the above contractions can be used, with the exceptions of 'm and 'th; e.g. dyma'i dad, here's his father; dyma'i thad, here's her father; dyma'n tad, here's our father; dyma'ch tad, here's your father; dyma'u tad, here's their father.
BUT dyma fy nhad, here's my father; dyma dy dad, here's thy father.

4. Phrases like 'my father and mother', 'my brothers and sisters' are acceptable in English. In Welsh, the possessive adjectives must be repeated:—

'my father and *my* mother, my brothers and *my* sisters:
fy nhad a'm mam, fy mrodyr a'm chwiorydd.

---

* These are seldom heard in spoken Welsh, e.g. 'mam a 'nhad, from fy mam a fy nhad —my mother and (my) father.

My mother and (my) father	Fy mam a'm tad.
Thy mother and (thy) father	Dy fam a'th dad.
His mother and (his) father	Ei fam a'i dad.
Her mother and (her) father	Ei mam a'i thad.
Our mother and (our) father	Ein mam a'n tad.
Your mother and (your) father	Eich mam a'ch tad.
Their mother and (their) father	Eu mam a'u tad.

Aspiration of Vowels

An H is put before a word beginning with a vowel after 'm, ei (her-fem.), 'i (her-fem.), ein, 'n (our), eu, 'u (their), e.g.:
arian (money)   : a'm harian, and my money.

      ystafell (room)   : ei hystafell hi, her room.
      amser (time)   : ein hamser ni, our time.
      arglwydd (Lord)   : ein Harglwydd Iesu Grist: our Lord Jesus Christ.

Now let us sum up with one table

Fy (my) ..	nasal mutation of C P T G B D (ngh)(mh)(nh)(ng)(m)(n)	tad, fy nhad
Dy (thy) ..	soft mutation of C P T G B D LL M RH G B D — F D D L F R	tad, dy dad
Ei (his) ..	ditto	ei dad
Ei (her) ..	aspirate mutation of C P T CH PH TH aspirate before vowels	tad, ei thad enw, ei henw
Ein (our)	No mutation. Aspirate before vowels only	tad, ein tad enw, ein henw
Eich (your)	Does not affect anything	tad, eich tad
Eu (their)	No mutation. Aspirate before vowels only	tad, eu tad enw, eu henw

Contracted forms as above except for

'M ..	which aspirates a vowel, but does not affect a consonant	arian, a'm harian tad, a'm tad

Exercise 1. Put EI (her) before following nouns, making necessary mutations. See table above: (e.g. afal, ei hafal hi), arian, baban, Beibl, brawd, bws, calon, cegin, ci (dog), desg, enw, ffedog (apron), gwlad, gwely, het, llythyr, llong, mam, mochyn (pig), papur, potel, rhosyn, stori, tad, teisen, ysgol.

Exercise 2. Go through all the possessive adjectives with the following nouns: (Ex: calon, fy nghalon i, dy galon di, ei galon ef, ei chalon hi, ein calon ni, eich calon chwi, eu calon hwy), athro, bag, cae, car, dinas, eglwys, ffatri, gwaith, hanes (history), iaith, llaw, mab, parc, siop, tân (fire), ynys (island).

Exercise 3. Read in Welsh and translate: (1) Yr oedd y dyn hwn yn mynd i'n tŷ ni. (2) Dyna fe yn ein gardd ni. (3) Dyma fy mhensil i ar eich bwrdd chwi. (4) Ble mae'ch pensil chwi? (5) Dyna fy nhad yn dod o'i waith ef yn y ffatri. (6) Dyna 'ch ci chwi yn sefyll ar y bont. (7) Yr oeddent hwy'n mynd i'w tŷ. (8) Ple mae'i thŷ hi? Dacw fe, ar ben y mynydd. (9) A ydyw'ch bws chwi yn mynd i *Benybont*? (10) Eich brawd a'ch chwaer (sister). Fy nhad a'm mam.

Exercise 4. Put into Welsh : Here is my house. Where is your sister's house? Where is his house? There it is on the hill. Your boy is standing in the field. Where is your son? He is not working in my garden. Here is my father coming from his work. He is going to his house. Yonder is my father's farm.

PRONOUN OBJECTS

In the sentences, 'I see a dog', 'they shoot a tiger', the nouns 'dog' and 'tiger' are called the objects of the verbs 'see' and 'shoot' respectively. Pronouns can also be the objects of sentences, e.g. 'I see *him*', 'they shoot *it*'. In the periphrastic tenses in Welsh, the corresponding pronouns must be put before the verb noun, and the verb noun is often followed by the personal pronoun, e.g.

I am seeing	: Yy wŷf i yn gweld.
I am seeing you	: Yr wŷf i yn *eich* gweld *chwi*. (= I am *your* seeing.)
You are seeing them	: Yr ydŷch chwi yn *eu* gweld *hwy*. (=You are *their* seeing.)
We shall be seeing her	: Byddwn i yn *ei* gweld *hi*. (=We shall be *her* seeing.)
He was seeing me	: Yr oedd ef yn fy ngweld i. (= He was *my* seeing.)

Verb nouns following these pronouns are subject to their rules of mutation—the rules we learned in the last two chapters.

he sees *me*	=he is *my* seeing	fy +nasal mutation	y mae ef yn *fy* ngweld *i*
he sees *thee*	=he is *thy* seeing	dy +soft mutation	y mae ef yn *dy* weld *di*
he sees *him* (or it)	=he is *his* seeing	ei +soft mutation	y mae ef yn *ei* weld *ef*
he sees *her* (or it)	=he is *her* seeing	ei +spirant mutation	y mae ef yn *ei* gweld *hi*
he sees *us*	=he is *our* seeing	ein, aspirates vowels only	y mae ef yn *ein* gweld *ni*
he sees *you*	=he is *your* seeing	eich, no change	y mae ef yn *eich* gweld *chwi*
he sees *them*	=he is *their* seeing	eu, aspirates vowels only	y mae ef yn *eu* gweld *hwy*

Look at this example from the Bible, using *caru*, to love:

Simon, mab Jona, a wŷt ti yn fy ngharu i? Ydwŷf, Arglwydd, yr wŷf i yn dy garu di.

Simon, son of Jonas, lovest thou me? Yea, Lord, I love thee. (John 21. 15.)

A table of mutations similar to the one in Lesson 15, can be constructed to facilitate the correct use of this construction. Thus, let us go through verbs beginning with the letters capable of being mutated, i.e. C. P, T, G, B, D, LL, M, RH and also a verb beginning with a vowel.

Remember that *ef* and *hi* can mean *it* as well as *he, him; she, her.*

Caru—to love

Y mae ef yn fy ngharu i:
    he loves me.
	y mae ef yn ein caru ni:
	    he loves us.

Y mae ef yn dy garu di:
    he loves thee.
	y mae ef yn eich caru chwi:
	    he loves you.

Y mae ef yn ei garu ef:
    he loves him.
	y mae ef yn eu caru hwq:
	    he loves them.

Y mae ef yn ei charu hi: he loves her.	

Poeni—to worry

Y mae hi yn fy mhoeni i:
    she worries me.
	y mae hi yn ein poeni ni:
	    she worries us.

Y mae hi yn dy boeni di:
    she worries thee.
	y mae hi yn eich poeni chwi:
	    she worries you.

Y mae hi yn ei boeni ef:
    she worries him.
	y mae hi yn eu poeni hwq:
	    she worries them.

Y mae hi yn ei phoeni hi: she worries her.	

Taro—to strike, hit

Y maent hwq yn fy nharo i:
    they hit me.
	y maent hwq yn ein taro ni:
	    they hit us.

Y maent hwq yn dy daro di:
    they hit thee.
	y maent hwq yn eich taro chwi:
	    they hit you.

Y maent hwq yn ei daro ef:
    they hit him.
	y maent hwq yn eu taro hwq:
	    they hit them.

Y maent hwq yn ei tharo hi: they hit her.	

Gweld—to see

Y mae'r tad yn fy ngweld i:
    the father sees me.
	y mae'r tad yn ein gweld ni:
	    the father sees us.

Y mae'r tad yn dy weld di:
    the father sees thee.
	y mae'r tad yn eich gweld chwi:
	    the father sees you.

Y mae'r tad yn ei weld ef:
    the father sees him.
	y mae'r tad yn eu gweld hwq:
	    the father sees them.

Y mae'r tad yn ei gweld hi: the father sees her.	

Blino—to tire, to weary, to bore

Y mae ef yn fy mlino i:
    he tires me.
	y mae ef yn ein blino ni:
	    he tires us.

Y mae ef yn dy flino di:
    he tires thee.
	y mae ef yn eich blino chwi:
	    he tires you.

Y mae ef yn ei flino ef:
    he tires him.
	y mae ef yn eu blino hwq:
	    he tires them.

Y mae ef yn ei blino hi: he tires her.	

Deffro—to wake

Y mae'r cloc yn fy neffro i: the clock wakes me.	y mae'r cloc yn ein deffro ni: the clock wakes us.
Y mae'r cloc yn dy ddeffro di: the clock wakes thee.	y mae'r cloc yn eich deffro chwi: the clock wakes you.
Y mae'r cloc yn ei ddeffro ef: the clock wakes him.	y mae'r cloc yn eu deffro hwq: the clock wakes them.
Y mae'r cloc yn ei deffro hi: the clock wakes her.	

Lladd—to kill

Y mae'r dqn yn fy lladd i: the man kills me.	y mae'r dqn yn ein lladd ni: the man kills us.
Y mae'r dqn yn dy ladd di: the man kills thee.	y mae'r dqn yn eich lladd chwi: the man kills you.
Y mae'r dqn yn ei ladd ef: the man kills him.	y mae'r dqn yn eu lladd hwq: the man kills them.
Y mae'r dqn yn ei lladd hi: the man kills her.	

Magu—to nurse

Y mae hi yn fy magu i: she nurses me.	y mae hi yn ein magu ni: she nurses us.
Y mae hi yn dy fagu di: she nurses thee.	y mae hi yn eich magu chwi: she nurses you.
Y mae hi yn ei fagu ef: she nurses him.	y mae hi yn eu magu hwq: she nurses them.
Y mae hi yn ei magu hi: she nurses her.	

Rhwyfo—to row (in a boat)

Y mae ef yn fy rhwqfo i: he rows me.	y mae ef yn ein rhwqfo ni: he rows us.
mae ef yn dy rwqfo di: he rows thee.	y mae ef yn eich rhwqfo chwi: he rows you.
mae ef yn ei rwqfo ef: he rows him.	y mae ef yn eu rhwqfo hwq: he rows them.
mae ef yn ei rhwqfo hi: he rows her.	

Anfon—to send

mae'r fam yn fy anfon i: the mother sends me.	y mae'r fam yn ein hanfon ni: the mother sends us.
mae'r fam yn dy anfon di: the mother sends thee.	y mae'r fam yn eich anfon chwi: the mother sends you.
mae'r fam yn ei anfon ef: the mother sends him.	y mae'r fam yn eu hanfon hwq: the mother sends them.
mae'r fam yn ei hanfon hi: the mother sends her.	

In some sentences it may be necessary to use the contractions learned in Lesson 15.

He is coming to see	Y mae ef yn dod i weld (gweld, to see).
He is coming to see me	Y mae ef yn dod i'm gweld i.
He is coming to see thee	Y mae ef yn dod i'th weld di.
He is coming to see him	Y mae ef yn dod i'w weld ef.
He is coming to see her	Y mae ef yn dod i'w gweld hi.
He is coming to see us	Y mae ef yn dod i'n gweld ni.
He is coming to see you	Y mae ef yn dod i'ch gweld chwi.
He is coming to see them	Y mae ef yn dod i'w gweld hwᵶ.

Passive form of the verb

The verb CAEL (to get) followed by fy, dy, ei, ein, eich, eu, before the verb noun can be used to express the English passive form, e.g. Gweld—to see.

Yr wᵶf i yn cael fy ngweld* [I am getting my seeing]— I am being seen. (Cf. English: I get seen.)

Bᵶdd ef yn cael ei ladd* [he will be getting his killing]— he will be killed. (Cf. English: he will get killed.)

Y mae'r bardd yn cael ei gadeirio: The bard is being chaired [cadeirio—to chair].

Exercise 1.   Practice on Nasal Mutation

C	P	T	G	B	D
NGH	MH	NH	NG	M	N

Using the above table, mutate the consonants in the following verbs after fy (e.g., caru, fy ngharu i) agor, blino, cario, dal, golchi, lladd, priodi, rhoi, talu.

Exercise 2.   Remembering that FY is followed by the nasal mutation, rewrite the following sentences, making the necessary changes in the verbs in brackets: (1) Y mae ef yn fy (cario) i. (2) Yr oedd fy mam yn fy (golchi) i. (3) Fe fᵶdd hi yn fy (priodi) i yn y capel newᵶdd. (4) Yr oedd y llyfr yn fy (blino) i. (5) Ni fᵶdd yr athro yn fy (lladd) i.

Exercise 3.   Using the vocabulary, translate the above sentences into English.

Exercise 4:—

C	P	T	G	B	D	LL	M	RH
G	B	D	—	F	DD	L	F	R

Using the above Soft Mutation Table change the following verbs after Ei (ex. caru, ei garu ef). Anghofio, cadw, canu,

* An affixed pronoun must not be used in this construction (i.e. passive voice equivalent).

colli, darllen, dechrau, gweld, gwisgo, hoffi, magu, prynu, smocio, torri, yfed.

Exercise 5. Remembering that Ei (masc.) takes Soft Mutation, write the verbs in brackets correctly: (1) Fe fyddaf i yn ei (anghofio) ef. (2) Yr ydẏm ni yn ei (canu) ef. (3) Yr oeddech chwi yn ei (darllen ef). (4) Nid wẏf i ddim yn ei (gweld) ef. (5) Nid wẏf i ddim yn ei (hoffi) ef. (6) Ni fẏdd ef ddim yn ei (torri) ef.

Exercise 6. Translate the above sentences into English. [anghofio, to forget; torri, to break.]

Exercise 7. Using the model of caru, etc., on page 75, go through the verbs golchi (wash) and dysgu (learn, teach).

Exercise 8. Translate into Welsh: They like me, they hit me, they were waking him, do they see him? they do not love us, will they kill him? I shall lead you (arwain, to lead), I was keeping it (cadw, to keep), you will like him, I shall lose it (colli).

Exercise 9. Read in Welsh and translate into English:—
1. Nid ydẏm ni ddim yn ei anfon (send) ef i'r ysgol heddiw.
2. Y mae hi yn fy arwain i trwẏ ardd y ffermwr. 3. Y mae fy mhlant i yn ei flino ef yn fawr. 4. Fe fẏdd ei dad yn ei gario ef tros yr afon i ben y mynẏdd. 5. Fe fyddant hwẏ yn dod i'ch gweld chwi yforẏ. 6. Bẏdd ef yn ei phriodi hi yn y capel. 7. Yr oedd y bachgen yn taro'r plentẏn arall ar ei ben ef. 8. Dyma fy llythẏr i: yr wẏf i yn ei ysgrifennu ar y bwrdd wrth y tân. 9. Yr oedd ei mab hi yn ei ddeffro ef am ddau o'r gloch. 10. Yr ydẏm ni yn cael ein dysgu gartref.

Exercise 10. Put the pronouns instead of the noun in the following sentences:—
1. Yr wẏf i yn cael y llyfr. Yr wẏf i yn . . .
2. Y mae hi yn gweld y gath. Y mae hi yn . . .
3. Y mae hi yn taro 'r bechgẏn. Y mae hi yn . . .

PAST TENSES

The Perfect Tense
The sentence: 'Yr wyf i yn darllen' is Present Tense: 'I am reading'. By substituting the word *wedi* for *yn*, we can change it into the Past Tense, thus:—

Yr wyf i yn darllen   : I am reading.
Yr wyf i wedi darllen : I have read (lit. I am past (after) reading).

Similarly:

Yr wyf i yn clywed y gwcw: I am hearing the cuckoo.
Yr wyf i wedi clywed y gwcw: I have heard the cuckoo.
Nid wyf i ddim yn darllen y papur: I am not reading the paper.
Nid wyf i ddim wedi darllen y papur: I have not read the paper.
A ydych chwi yn gweld yr ardd: Are you seeing the garden?
A ydych chwi wedi gweld yr ardd? Have you seen the garden?
Nac ydym, nid ydym ni ddim wedi gweld yr ardd eto: No, we haven't seen the garden yet.

Preterite Tense
There is another Past Tense, e.g. I sat, he walked, we fought. In Welsh, this tense is formed by adding endings to the verb. Here is the inflected past tense of Eistedd (to sit):—

Eisteddais i	I sat.
Eisteddaist ti	thou sat'st.
Eisteddodd ef	he sat.
Eisteddodd hi	she sat.
Eisteddodd y bachgen	the boy sat.
Eisteddasom ni	we sat.
Eisteddasoch chwi	you sat.
Eisteddasant hwy	they sat.
Eisteddodd y bechgyn	the boys sat.

As you will see, this tense consists of a stem, in this case Eistedd—, which does not change, to which are added the endings AIS, AIST, ODD, ASOM, ASOCH, ASANT (all

verbs except BYW—to live, and MARW—to die, can be
inflected).

How to find the stem

Verbs that end in a vowel, e.g. dysgu, ysgrifennu, nofio
(swim) form their stem by dropping their vowel ending, dysg—,
ysgrifenn—, nofi—. Thus the Preterite is dysgais i, I learnt;
ysgrifennodd ef, he wrote; nofiodd hi dros yr afon, she swam
across the river. Other verbs lose their last syllable to form their
stem, e.g. cerdded, cerdd—, rhedeg, rhed—, clywed, clyw—,
gweled or gweld, gwel—; thus cerddais i, rhedais i, clywais i,
gwelais i. The pronouns i, ti, etc, may be omitted.

Examples:

	Stem	Preterite
gweld (to see)	gwel—	gwelais
colli (to lose)	coll—	collais
eistedd (to sit)	eistedd—	eisteddais
dysgu (to learn)	dysg—	dysgais
hoffi (to like)	hoff—	hoffais
siarad (to talk)	siarad—	siaredais
gwrando (to listen)	gwrandaw—	gwrandewais
edrych (to look)	edrych—	edrychais
gofyn (to ask)	gofyn—	gofynnais

Gweld and clywed drop the 'a' in the plural endings:—

gwelais i	clywais i
gwelaist ti	clywaist ti
gwelodd ef	clywodd ef
gwelsom ni	clywsom ni
gwelsoch chwi	clywsoch chwi
gwelsant hwy	clywsant hwy

i.e. Rhed*a*som ni i ddal y trên ddoe: We ran to catch the train
yesterday.

But   Gwelsom ni chwi yn y dref : We saw you in the town.
        Clywsom ni y gwcw   : We heard the cuckoo.

Almost invariably in the spoken and quite frequently in the
written language, the particles FE (S. Wales) or MI (N. Wales)
precede these verbs which then undergo soft Mutation:—

I heard—Clywais i or Fe glywais i or Mi glywais i.
he read—darllenodd ef or Fe ddarllenodd ef or Mi
ddarllenodd ef.

When the vowel 'a' appears in the last syllable of the stem,
e.g. Talu (to pay), gallu (to be able); stems Tal— and Gall—

this 'a' changes to 'e' in the first and second persons singular,*
e.g.:

Talu	*Gallu*	*Canu*	*Caru*
Telais	Gellais	Cenais	Cerais
Telaist	Gellaist	Cenaist	Ceraist
Talodd	Gallodd	Canodd	Carodd
Talasom	Gallasom	Canasom	Carasom
Talasoch	Gallasoch	Canasoch	Carasoch
Talasant	Gallasant	Canasant	Carasant

Other verbs which behave like this are: cadw (to keep), dal
(stem, dali-) (to catch), galw (to call), lladd (to kill).

This rule is seldom observed in conversational Welsh.

Objects after Inflected Verbs

1. When a verb is in a tense like the Preterite (i.e. a tense
which consists of a stem and endings) any word used with it as
an object will undergo soft mutation.

Thus: Clywais ddŷn (not dyn)   : I heard a man.
      Clywais ganu (not canu)   : I heard singing.
      Dechreuodd fwŷta (not bwyta) : he started eating.
      Gwelodd geffŷl (not ceffyl) : he saw a horse.

2. In these inflected tenses the pronoun object comes after
the verb: Gwelais hi (I saw her); Gwelsant fi (they saw me).

Exercise 1.   Put the verbs into the Perfect Tense (yr wŷf i yn
darllen—yr wŷf i wedi darllen).   1. Yr wŷf i yn aros.   2. Y
mae ef yn canu.   3. Yr ydŷm ni yn chwarae.   4. Yr ydŷch
chwi yn taro.   5. Nid wŷf i ddim yn sefŷll.   6. Nid ŷw ef ddim
yn gweld.   7. A ydŷch chwi yn cael tê?   8. A ydŷm ni yn nofio
yn yr afon?   9. Nid ydŷnt hwŷ ddim yn rhwŷfo.   10. A ŷw hi
yn talu?

Exercise 2.   Write out the Preterite tense of dysgu, darllen,
cofio, caru, clywed, ysgrifennu.

Exercise 3.   Put FE or MI before the following, making the
soft mutation. Cenais i yn yr eglwŷs. Collaist ti dy gap di.
Dysgodd ef yr hen iaith. Atebasom ni yn yr ysgol. Cysgasom ni
yn ein hystafell ni. Talodd ef ni. Nofiasoch chwi yn yr afon.
Gwelsom ni'r ci yn ein gardd ni. Siaradodd ef yn dda. Teflais
i ef i'r afon.

Exercise 4.   Write in Welsh:—
    1. I am writing, I have written, I wrote.   2. He is sitting,
he has sat, he sat.   3. We are learning, we have learnt, we
learnt.   4. They are walking, they have walked, they walked.

* In spoken Welsh this change is seldom observed.

5. I am running, I was running, I shall be running, I have run, I ran. 6. I am being taught. 7. Is there a dog in the house? 8. There is no tree (coeden f.) on the top of the mountain. 9. My father is living in this village. 10. He is carrying his bag to the town. 11. He loves me, she loves him, he loves her.

Exercise 5. The words in brackets—objects of an inflected verb—should undergo soft mutation. Rewrite the sentences correctly:—

1. Gwelais (bachgen) yn chwarae. 2. Collodd ef (ci) yn y pentref. 3. Fe ddysgasom (Cymraeg). 4. Clywsom (cwcw) yn yr ardd. 5. Fe ddarllenodd hi (papur).

LESSON 18

PAST TENSES OF
MɥND, DYFOD, GWNEUD, CAEL

One of the main difficulties of learning a language is mastering "irregular" verbs—verbs which deviate from the usual rules. The verb 'to go, I go, I went' is an example in English. The student of Welsh will be pleased to know that there are very few of these verbs in Welsh, and that these can easily be learnt.

Preterite Tense of MɥND, to go

euthum i	: I went.	aethom ni	: we went.
aethost ti	: thou went'st.	aethoch chwi	: you went.
aeth ef	: he went.	aethant hwɥ	: they went.
aeth hi	: she went.		

aeth y bachgen: the boy went; aeth y bechgɥn: the boys went.

Preterite Tense of DYFOD or DOD, to come

To form this, just put D in front of euthum, etc.:—

Deuthum i	: I came.	Daethom ni	: we came.
Daethost ti	: thou camest.	Daethoch chwi	: you came.
Daeth ef	: he came	Daethant hwɥ	: they came.
Daeth hi	: she came		

daeth y bachgen: the boy came; daeth y bechgɥn: the boys came.

Similarly with GWNEUD or GWNEUTHUR (to do, to make), add GWN—

Gwneuthum i: I made, I did.	Gwnaethom ni: we made, did.
Gwnaethost ti: thou madest, didst.	Gwnaethoch chwi: you made, did.
Gwnaeth ef: he made, did.	
Gwnaeth hi: she made, did.	
Gwnaeth y bachgen: the boy made.	Gwnaeth y bechgɥn: the boys made.

Aeth ef i 'r gwelɥ yn hwɥr : He went to bed late.
Daeth y wawr : 'Came the dawn'.
Gwneuthum i'r deisen ddoe : I made the cake yesterday.

Cael (to receive, to get, to be allowed)

Cefais i	:	Cawsom ni.
Cefaist ti	:	Cawsoch chwi.
Cafodd ef	:	Cawsant hwɥ.
Cafodd hi	:	
Cafodd y bachgen	:	Cafodd y bechgɥn.

This important verb has a number of meanings. If it is followed by a noun, it means 'to have', in the sense of 'to receive'. ('To have' meaning 'to possess' was dealt with in Lesson 9 and it is *very* important not to confuse the two usages.)

Cael afal   : 'to have'=to receive=to get an apple.
Cael brecwast : to have=to receive=to get breakfast.

When *cael* is followed by a verb, it means 'to be allowed to'.

Cael nofio   = to be allowed to swim.
Cael dechrau = to be allowed to begin.
Cefais fynd adref : I was allowed to go home. Cafodd hwylio 'r cwch : He was allowed to sail the boat.

We have already seen the use of cael to form the English passive voice.

Yr wyf i yn cael fy nysgu = I am getting my teaching = I am being taught.

The Preterite of BOD, to be

The Preterite of this verb has no exact counterpart in English. It may be roughly translated as 'I have been' or 'I was', etc.

Bum i	Buom ni
Buost ti	Buoch chwi
Bu ef	Buont hwy (or buant hwy)
Bu hi	
Bu'r bachgen	Bu'r bechgyn

The verb in this tense often refers to an extent or period of time that is over and done with, completed, and is often connected with a place.

Bum yn Llundain ddoe : I was in London yesterday (but I'm back home now!)
Bu ef yn canu yn Neuadd Albert : He sang in the Albert Hall (but now his voice is gone!)

There is a growing tendency, especially in spoken Welsh, to use this tense as an auxiliary to express the preterite and to avoid—asom, asoch, asant. Thus:

Bum yn chwarae golff ddoe* : I played golf yesterday.

The verbs byw, to live and marw, to die.

These two verbs have no inflected forms, i.e. we cannot add endings to them. To form the past tense of these verbs, the personal forms of BOD are used with the verbs, e.g.

Bu ef yn byw : He lived.
Buom ni'n byw yma un amser : We lived here at one time.
Bu'n bwrw glaw yma ddoe (bwrw glaw—to rain) : It rained here yesterday.

* doe (yesterday). Notice soft mutation of an expression of time.

Another way of saying 'He lived' is to put the verb immediately after BU, in which case we shall have the soft mutation:

Thus, using BYW—to live:

Bu fyw yma am flynyddoedd : He lived here for years.

Similarly with MARW—to die:

Bu farw yn ifanc : he died young.

Exercise 1. Say aloud and write down the Preterite of mynd, dod, gwneud, cael, bod.

Exercise 2. Replace the verb nouns in brackets by the correct form of the preterite:—

1. (Mynd) y bachgen i 'r ysgol. 2. (Dod) y bechgyn i 'n tŷ ni. 3. (Gwneud) i y bara ddoe. 4. (Cael) ni frecwast yn y gegin fach. 5. (Bod) chwi yn Llundain ddoe.

Exercise 3. Read aloud in Welsh and translate:—

1. Fe godais i am ddau o 'r gloch. 2. Gwelais i Alun ddoe yn prynu bara yn y siop hon. 3. Bum i ym Mhenybont ddoe. 4. Aeth Alun a Dafydd i 'r sinema i weld y ffilm. 5. Cerddasant i 'r dref. Aethant i 'r sinema newydd. 6. 'Sut yr ydych chwi?' gofynnodd ef. 7. Clywodd ef ei fam yn canu yn y parlwr. 8. Edrychasant (edrych—look) ar fy nghar newydd. 9. Aeth hi i'w gardd i weld y blodau. 10. Aethant i gerdded trwy gaeau'r ffermwr. 11. Cawsom frecwast yn y pentref. 12. Cafodd ef lyfr da yn y siop fach. 13. Yr wyf i yn cael fy ngweld. 14. Buom ni yn byw yn Llundain. 15. Bu farw yng Nghaerdydd.

Exercise 4. Translate into Welsh (using the Preterite Tense):

1. The boy went to the shop to buy bread. 2. We came to see you. 3. They made a big cake. 4. I had breakfast in the kitchen. 5. We were taught at home. 6. We were allowed to swim in the river. 7. I was in Cardiff yesterday. 8. He swam in the lake. 9. We lived here. 10. He died young.

QUESTIONS AND THE NEGATIVE IN THE PAST TENSE

As we have seen in Lesson 4, one of the commonest ways of asking a question is to put 'A——' before the verb.

'A ydqch chwi yn darllen?' Are you reading?

Questions may be put in the Past (Preterite Tense) in the same way: thus with AGOR (to open) . . .

A agorasoch chwi'r ffenestr? Did you open the window' and MɥND (to go).

A aethant hwq adref? Did they go home?

'A' introducing a question is followed by Soft Mutation:

Canu : A ganasoch chwi yno? Did you sing there?
Prynu : A brynodd ef feisicl? Did he buy a bicycle?
Talu : A dal(a)sant hwq? Did they pay?
Gweld : A welsoch chwi'r gath ddu? Did you see the black cat?
Darllen : A ddarllenodd ef y llyfr? Did he read the book?

Answering Questions

With the other tenses used so far, we employed the following method:—

Present	A ydqch chwi yn mqnd? Are you going?	Ydwqf, yr wqf i yn mqnd. Yes, I am— *Nac* ydwqf, *nid* wqf i ddim yn mqnd. No, I am not—
Imperfect	A oeddech chwi yn mqnd? Were you going?	Oeddwn, yr oeddwn i yn mqnd. Yes, I was— *Nac* oeddwn, *nid* oeddwn i ddim yn mqnd.
Future	A fyddwch chwi yn mqnd? Will you be going?	Byddaf, byddaf i yn mqnd. Yes, I shall be— *Na* fyddaf, *ni* fyddaf i ddim yn mqnd. No, I shall not be—
Perfect	A ydqch chwi wedi mqnd? Have you gone?	Ydwqf, yr wqf i wedi mqnd. Yes, I have gone. *Nac* ydwqf, *nid* wqf i ddim wedi mqnd. No, I haven't—
N.B.	Na (+ soft mutation)— *or* Nac (before vowel)—	ni (+ mutation) *or* nid (before vowel).

With the *Past* (*Preterite*) *Tense*, however, a different method is used:

answers to questions in *this tense* are DO (yes) or NADDO (no).

> A ddarllenasoch chwi'r llyfr hwn? Do.   Did you read this book?   Yes.
>
> A welsoch chwi'r gath ddu? Naddo.   Did you see the black cat?   No.

Negatives

The Negative *NID*, as we saw in Lesson 3, is used before a verb beginning with a vowel, e.g. AGOR (to open).

> Nid ɥw ef yn agor y drws : he is not opening the door.
> Nid agorodd ef y drws   : he did not open the door.

Before consonants, NI is used, e.g. Nofio (to swim).

> Ni nofiodd hi ddim yn yr afon : She did not swim in the river.

As we have seen above, NI is followed by the soft mutation of G, B, D, LL, M, RH.

G	B	D	LL	M	RH
—	F	DD	L	F	R

> Gwelais i'r dɥn (I saw the man). Ni welais i'r dɥn (I did not see the man).
>
> Darllenodd ef y llyfr (He read the book). Ni ddarllenodd ef y llyfr (He did not read the book).

Note that when G has been mutated, exposing a vowel, NI is used.

> Golchodd hi'r llestri : she washed the dishes : Ni olchodd hi'r llestri : she did not wash the dishes.

Ni is followed by the Aspirate Mutation of the letters C, P, T.

C	P	T
CH	PH	TH

Thus: clywais i'r dɥn (I heard the man) : Ni chlywais i'r dɥn (I did not hear . . .).

> prynais i afalau (I bought apples) : Ni phrynais i afalau (I did not buy . . .).
>
> talodd hi'r bachgen (she paid the boy) : Ni thalodd hi'r bachgen (she did not pay . . .).

We learnt in Lesson 3 that the full form of the negative is NI(D) . . . DDIM. In the Past (Preterite) tense too, there is a tendency in spoken Welsh to glide over the first part of the negative NI(D) [but mutating the verb just the same!] and to stress the DDIM.

(GWELD) : Ni welais i ddim llyfr yno : I didn't see a book
there, or 'Welais i ddim llyfr yno.

If the noun—in this case llyfr, book—is preceded by the
definite article [i.e. if the above sentence were 'I didn't see *the*
book] MO, a shortened form of DDIM O : nothing of, is added
after the verb for emphasis.

    Ni welais i'r llyfr : I didn't see the book,
or Ni welais i mo'r llyfr : I didn't see anything of the book.
                          I saw nothing of the book.
                          I did *not* see the book,
or 'Welais i mo'r llyfr.
  Similarly:
    Ni chlywais i'r gloch   : I did not hear the bell.
or Ni chlywais i mo'r gloch : I heard nothing of the bell.
                          I did not hear the bell.
or 'Chlywais i mo'r gloch :   ditto.

Exercise 1.   The following words are going to be used in
Exercise 3. Make them undergo Soft Mutation : pris (price),
cadair, tref, mawr, pobl (people), bwyd (food), cael, papur, tad,
dau (two), cloch, pob (every), da, buoch, mam, gardd, gweithio,
codi (get up), gwneud, basged, tê.

Exercise 2. (*a*)   Make the following words undergo nasal
mutation after FY : tad, Cymru, ceffyl (horse), cath, papur,
pensil, trên, gardd, gwaith, gwlad, basged, beisicl, bag, desg,
dinas [fy nhad i, etc.]. (*b*) aspirate mutation after EI (her), tad,
cân (song), cadair, cartref, pobl, pen, tŷ, tê, tân (ei thad hi, etc.)
after NI, clywodd, cenais, cariodd, prynasom, torasom.

Exercise 3.   Read in Welsh and translate : 1. Yn y pentref
cafodd y ffermwr *bris* da am ei gar ef.   2. Daeth fy nhad adref a
gwelodd fy mam yn eistedd yn ei *chadair* fach.   3. Daethant
hwy i *dref fawr* yng Nghymru. Gwelsant hwy *lawer* o *bobl* yno
yn cerddd trwy'r strydoedd. Cawsant hwy *fwyd*.   4. Daeth ei
thad a'i mam gyda (with) hi i *gael* papur.   5. Rhedodd y
bachgen at y tŷ.   6. A *welodd* eich tad y graig?   7. Fe *ddeffrodd*
(deffro—to wake) y dyn am ddau o'r gloch.   8. Clywodd y
plant eu tad yn siarad (speak) Cymraeg.   9. Atebodd *bob*
cwestiwn (question).   10. Aeth ef i America a gweithiodd yno
yn *dda*.   11. A fuoch chwi yn yr ysgol ddoe?   12. 'Yr wyf i yn
mynd i gael brecwast', atebodd ei *fam*, 'ond (but) nid oes dim
brecwast i ti.   13. Aeth ef allan i'r ardd i weithio. Yno y bu ef
am awr (hour) a hanner (half).   14. Dywedodd (Dywedyd—
to say) y fam : 'Yr wyf i yn mynd i godi i wneud teisen.   15.
Yn y tŷ hwn bu fy *nhad* yn byw.   16. Ni *chlywodd* ef mo'r dyn yn

canu. 17. Ni chenais i yn yr eglwys. 18. Ni welsom ni ddim bws. 19. Nid atebais i mo'r cwestiwn. 20. Ni chariodd ef mo'r fasged (cario—carry). 21. A gefaist ti dê? Do. 22. Ni phrynodd ef mo'r afalau.

Exercise 4. In Exercise 3 the words pris, cadair, tref, mawr, Cymru, llawer, pobl, bwyd, tad, cael, gwelodd, deffrodd, pob, da, mam, tad, clywodd are in italics. What mutation has been used and why?

COMPARISON OF ADJECTIVES

In English, there are three degrees of the adjective, i.e. red, redder, reddest, called the Positive, Comparative and Superlative degrees. In Welsh, there are four: (1) Positive degree : bach (small), mawr (big), coch (red), crụf (strong). (2) The Equative degree used in phrases like 'as small as, as big as, as red as. (3) The comparative degree, as in 'smaller than John, redder than fire'. (4) The Superlative degree : 'the smallest boy, the reddest apple'. Here are the four degrees in Welsh:—

Positive	Equative	Comparative	Superlative
——	——ed as white as	——ach whiter than	——af whitest
Gwụn (white)	cụn wynned â	yn wynnach na	gwynnaf
Glas (blue)	cụn lased â	yn lasach na	glasaf
Crụf (strong)	cụn gryfed â	yn gryfach na	cryfaf
Coch (red)	cụn goched â	yn gochach na	cochaf

How these degrees are used

Positive. We have already studied this. We usually put the adjective after the noun : yr afal coch (the red apple), ceffụl gwụn (a white horse). When the noun is feminine singular, the adjective may have a special form, but in any case undergoes soft mutation : y ddraig goch (the red dragon) baner wen (a white flag). Very few adjectives precede the noun which then takes soft mutation, hen ddụn (an old man) fy annwụl fam (my dear mother). If the adjective is used apart from the noun, YN is placed before it and the adjective undergoes soft mutation (except for LL and RH).

Y mae'r afal yn goch : The apple is red.

Equative (Two ways of forming) :

(1) Place MOR (followed by soft mutation except for LL and RH) before the adjective and Â (followed by the Aspirate Mutation) after it:—

coch (red), tân (fire)	mor goch â thân: as red as fire.
crɥf (strong), ceffɥl (horse)	mor grɥf â cheffɥl : as strong as a horse.

AG is used before a vowel.

gwɥn (white), eira (snow)	mor wɥn ag eira : as white as snow.

(2) The adjective is preceded by CɥN (which takes Soft Mutation except for LL and RH), —ED is added to the adjective. The adjective is followed by Â (AG before a vowel). Â is followed by Aspirate Mutation:—

coch (red), tân (fire)	cɥn goched â thân : as red as fire.
crɥf (strong), ceffɥl (horse)	cɥn gryfed â cheffɥl : as strong as a horse.
gwɥn (white), eira (snow)	cɥn wynned ag eira : as white as snow.

Comparative

As in the positive degree, YN (which takes Soft Mutation except for LL and RH) is placed before the adjective, NA (NAG before a vowel) is placed after. NA is followed by the Aspirate Mutation:—

coch, tan	y mae'r afal yn gochach na thân	the apple is redder than fire.
crɥf, ceffɥl	y mae ef yn gryfach na cheffɥl	he is stronger than a horse.
gwɥn, eira	y mae hi yn wynnach nag eira	she is whiter than snow!

Superlative

Place —AF* at the end of the adjective.
COCH (red), cochaf (reddest): glas (blue), glasaf (bluest): gwɥn (white), gwynnaf (whitest).

    Yr afal cochaf : the reddest apple.
    Yr afal hwn ɥW'r afal cochaf yn yr ardd : This apple is the reddest in the garden.

(When the superlative degree is used, use ɥW instead of Y MAE—see page 133.)

* See note on final -f on page 11.

If the noun is feminine singular, the usual soft mutation takes place in the adjective:—

Gwynnaf (whitest) = Y ddafad hon ɥw'r ddafad wynnaf ı
This sheep is the whitest sheep.

To sum up ı

	Masculine noun	Feminine noun
Positive	afal gwɥn (a white apple) afal coch (a red apple)	cot wen (a white coat). cot goch (a red coat).
Equative	y mae'r afal hwn mor wɥn ag eira y mae'r afal hwn cɥn goched â thân	y mae'r got hon mor wɥn ag eira. y mae'r got hon cɥn goched â thân.
Comparative	y mae'r afal hwn yn wynnach nag eira y mae'r afal hwn yn gochach na thân	y mae'r got hon yn wynnach nag eira. y mae'r got hon yn gochach na thân.
Superlative	yr afal hwn ɥw'r afal gwyn-naf yr afal hwn ɥw'r afal cochaf	y got hon ɥw'r got wynnaf. y got hon ɥw'r got gochaf.

Note (1) There are no feminine forms apart from the positive.

(2) The superlative undergoes soft mutation after a feminine noun.

(3) The superlative is used in Welsh even if there are only two things compared, e.g. the better boy = y bachgen gorau (= the best boy).

Some modifications of vowel sounds take place in a few adjectives when terminations are added : W becomes Y, AW becomes O.

TLWS (pretty)	cɥn dlysed â	yn dlysach na	tlysaf.
TRWM (heavy)	cɥn drymed â	yn drymach na	trymaf.
TLAWD (poor)	cɥn dloted	yn dlotach na	tlotaf.

If an adjective ends in —G, —B, —D, these letters are hardened to —C, —P, —T in comparison of adjectives, e.g.:—

TEG (fair)	cɥn deced â	yn decach na	tecaf.
GWLɥB (wet)	cɥn wlyped â	yn wlypach na	gwlypaf.
TLAWD (poor)	cɥn dloted â	yn dlotach na	tlotaf.

Irregular Comparisons

Positive	Equative	Comparative	Superlative
da (good)	cystal â	yn well na	gorau
drwg (bad)	cynddrwg â	yn waeth na	gwaethaf
mawr (big)	cymaint â	yn fwᶐ na	mwᶐaf.
bach (small)	cᶐn lleied â	yn llai na	lleiaf.
hawdd (easy)	cᶐn hawsed â	yn haws na	hawsaf.
anhawdd ⎫(difficult) anodd ⎭	cᶐn anhawsed â	yn anos na	anhawsaf.
agos (near)	cᶐn nesed â	yn nes na	nesaf.
hen (old)	cᶐn hyned â	yn hᶗn na	hynaf.
ieuanc ⎫ (young) ⎰ ifanc ⎭ ⎱	cᶐn ieuanged â cᶐn ifanced â	yn iau na yn ifancach na	ieuaf. ifancaf.
isel (low)	cᶐn ised â	yn is na	isaf.
uchel (high)	cyfuwch â	yn uwch na	uchaf.
cynnar (early) ⎱ buan (swift) ⎰	cᶐn gynted â (*also* 'as soon as')	yn gᶐnt na	cyntaf (first)
llydan (wide)	cyfled â	yn lletach na	lletaf.
hir (long)	cyhᶐd â	yn hwᶐ na	hwᶐaf.

cystal ag aur (as good as gold).
cymaint â cheffyl (as big as a horse).

Another Method

Adjectives may be compared in a roundabout way by putting MOR, MWᶐ and MWᶐAF before the Positive. MOR takes the soft mutation like CᶐN:—

newᶐdd (new)	mor newᶐdd â	mwᶐ newᶐdd na	mwᶐaf newᶐdd
prydferth (beautiful)	mor brydferth â	mwᶐ prydferth na	mwᶐaf prydferth.

This method is used for adjectives of more than one syllable. Shorter adjectives are seldom compared this way. For phrases like 'as red as', 'as sweet as', etc., a useful rule is to use CᶐN with *short* adjectives, MOR with *any* adjective.

Melᶐs (sweet) *either* Y mae ef yn canu mor felᶐs â'r eos (nightingale),

or Y mae ef yn canu cᶐn felysed â'r eos.
He sings as sweetly as the nightingale.

hen (old) *irreg. either* Yr wᶐf i mor hen â chwi,
or (better) Yr wᶐf i cᶐn hyned â chwi.
I am as old as you.

Notice, too, when mor is used on its own:
Yr wᶐf i mor hen: I am so old.

Exercise 1. Practice in soft mutation:—

C	P	T	G	B	D	M
G	B	D	—	F	DD	F

and aspirate mutation:—

C	P	T
CH	PH	TH

Put the following pairs in the equative degree (Ex.. coch, tân=cyn goched â thân; mor goch â thân : as red as fire):—
gwŷn, eira; tlws, darlun; melys, siwgr; crŷf, ceffyl; tlawd, (poor) llygoden eglwys (church mouse); mawr, mynydd; da, aur.

Exercise 2. Put the above pairs in the comparative (coch tân; yn gochach na thân : redder than fire).

Exercise 3. Give superlative of gwŷn, tlws, coch, teg, newydd, prydferth, mawr, drwg, agos, bach, and give their meanings.

Exercise 4. Practice in nasal mutation after FY (my) :—

C	P	T	G	B	D
NGH	MH	NH	NG	M	N

pen, calon, tŷ, gwlad, brawd, darlun.

Exercise 5. The words in brackets must be changed into their appropriate form, then translate the sentences:—
1. Y mae Alun yn (tal) na Dafydd, ond Enid yw'r (tal) o'm plant.
2. Y mae ef cyn (crŷf) â'i dad ef.
3. Y mae ef yn (da), ond ei chwaer yw'r (da) o'r plant.

Exercise 6. Read in Welsh and translate:—
1. Y dref nesaf yw Penybont. 2. Ble y mae'r bachgen gorau yn yr ysgol hon yn eistedd? 3. Dacw'r mynydd uchaf yn Nghymru. 4. Dyma'r llyfr mwyaf diddorol yn ein tŷ ni. 5. Yr wyf i cystal â chwi. 6. Fe fydd y tren cyntaf yn mynd allan am ddau o'r gloch. 7. Dyma'r ffordd orau i fynd i Aberystwyth. 8. Gofynnodd ef yn y tŷ cyntaf ble yr oedd ei dad. 9. Yr oeddwn i'n byw yn y tŷ nesaf.

Exercise 7. What is the radical form of these words, what mutation is used and why?

Yng *Nghymru*, gweithiodd ef yn *galed*, ei hen *wlad* ef, yr wŷf i yn mŷnd i *weld* y ci, fy *mhen*, ei *thad*, tref *fawr*, hoff o *dê*, mor *gyflŷm* â char, cawsom ni *fwŷd*.

Exercise 8. Answer the following questions in the affirmative :—

1. A fuoch chwi yn ein tŷ ni ddoe?   2. A oes gennŷch chwi lyfr?   3. A ydŷch chwi'n dod i weld y ffilm heno?   4. Sut yr ydŷch chwi?   5. A oeddech chwi yn canu?

Exercise 9. Put into Welsh:

the best book, the highest mountain, the oldest brother, the worst boy, she sings as sweetly as a bird (aderŷn), I do not speak as well as you, Dafydd is better than his father, I am younger than my sister.

KEY

LESSON 11

Exercise 1.   yr afon, y fasged, y fuwch, y garreg, y gegin, y graig, y geiniog, y gloch, y ddinas, yr eisteddfod, y ffilm, y fferm, y wlad, yr het, y nant, yr ochr, y bêl, y bont, y fam, y storm, y daith, y delŷn, yr ynŷs, yr ysgol.

Exercise 2.   yr afonŷdd, y basgedi, y buchod, y cerrig, y ceginau, y creigiau, y ceiniogau, y clychau, y dinasoedd, yr eisteddfodau, y ffilmau, y ffermŷdd, y gwledŷdd, yr hetiau, y nentŷdd, yr ochrau, y peli, y pontŷdd, y mamau, y stormŷdd, y teithiau, y telynau, yr ynysoedd, yr ysgolion.

Exercise 3.   yr ateb, yr atebion; y bardd, y beirdd; y ceffŷl, y ceffylau; y gath, y cathod; y darlun, y darluniau; yr eglwŷs, yr eglwŷsi; y gwŷnt, y gwyntoedd; y lan, y glannau; y newŷdd, y newyddion; y parsel, y parseli; y bont, y pontŷdd; y map, y mapiau; y deisen, y teisennau; yr ŵy, yr wŷau.

Exercise 4.   bachgen bach, basged frown, carreg wen, cegin fach, dinas fawr, ffilm dda, gwlad brydferth, het goch, ceffŷl gwŷn, ynŷs las, brŷn teg, dŷn tal, merch dal, eglwŷsi mawr (or mawrion), capeli bach, cathod du, tebot poeth, llyfrau diddorol.

Exercise 5.   (a) the man's car, mouth of Dâr (the River Dare), the mother's clock, the boy's bicycle, the farmer's sheep, the church bell, the farm kitchen, a boy's hat, a cat's tail, a school desk. (b) pont yr afon, drws y tŷ, canol yr ystafell, cornel y tŷ, cŵr yr ysgol, cap bachgen, beisicl bachgen.

Exercise 6.   (a) tros y garreg, drwŷ dŷ'r ffermwr, dan y mynŷdd, i dŷ'r dŷn, o dŷ i dŷ, o lyfr i lyfr, at dŵr yr eglwŷs, ar fwrdd y gegin, ar ben y mynŷdd, am ddau o'r gloch, y mae het dlos gan fam y bachgen, heb geiniog, heb fam. (b) a man

from the valley, by the fire, on the church tower, to the door of
the house, from the corner of the room, from town to town,
the factory door has a brown colour, he is walking through the
middle of the fields, from Llanelly to Cardiff.

Exercise 7. 1. Is there bread on the middle of the table? Yes,
there's enough bread on the table. 2. Are you going in the bus
to Bridgend? Yes. 3. Where is this bus going? This bus is
going to Aberystwyth. 4. We are learning to read Welsh.
5. The boys do not like strong tea but they like coffee. 6. Is
the dog lying on the mat by the fire? Yes. 7. How are you?
8. What time does the cinema open? It opens at two o'clock.
9. I have a beautiful garden but I do not like working in the
garden. 10. Is there a sheep in this field? No, there's nothing
on the mountain. 11. The bus goes from the village to the
town but they are walking to the town: they aren't going on
the bus. 12. Are you going to the cinema? I am going to buy
bread in this shop. 13. On the corner there is a little shop.
14. He is going to the parlour to sing by the piano. He is very
fond of singing. 15. I have a new cap. 16. The little boy has
a penny. 17. I have no books in the garden. They are in the
desk in school. 18. I don't like reading. 19. We have no
garden. 20. There are no gardens in this street.

LESSON 12

Exercise 1. Yr afal, yr arian, y beisicl, y darlun, y papur,
yr afon, y faner, y bont, y deisen, yr ardd, y fuwch, y ddinas,
y llong, y ferch, y rhan.

Exercise 2. afalau, no plural of arian, beisiclau, darluniau,
papurau, afonydd, baneri, pontydd, teisennau, gerddi, buchod,
dinasoedd, llongau, merched, rhannau.

Exercise 3. yn agored, yn fach, yn fyr, yn gyflym, yn dda,
yn ddrwg, yn ddu, yn wir, yn wyn, yn hapus, yn llawen, yn
felys, yn newydd, yn oer, yn barod, yn siwr, yn dal, yn deg.

Exercise 4. amser byr, bardd diddorol, dyn trwm, newydd
da, basged drom, craig fawr, desg frown, pobl greulon, mam
berffaith.

Exercise 5. 1. The boy is tall, he is not short. 2. The rose
is red. 3. The cupboard is not brown. 4. Olwen is a bad girl.
5. The tea is ready. 6. Mr. Thomas's farm is not a big farm.
7. In the middle of the street there's a lot of people walking
swiftly through the town. 8. Thanks very much (greatly).
9. They are singing slowly. 10. I am learning to speak well.
11. The girl is not singing sweetly. 12. We go cheaply in the

bus. 13. How are you today? Very well, thanks. 14. On the top of the castle there is a flag. 15. How is everyone at home? 16. We are going out to tea. 17. I have a corner cupboard in the kitchen. 18. Has John a hat? No, John has not got a hat. He is going to see the church. On the way he is going to the grocer's shop on the corner. There John is buying biscuits for the dog. 19. I am not going to the little school in the village. 20. I go down to the town. 21. John is staying at home. He does not like to go to school. 22. Here's a boy dancing. Here's a girl playing. 23. Here I am ready for tea. Is the tea ready? Is the cake nice? 24. Where do you live? 25. On Miss Howell's desk there are beautiful flowers. 26. There's the bell ringing. 27. The father is sitting in the chair and he is reading a paper and smoking. 27. On the middle of the table there is bread and butter.

Lesson 13

Exercise 1. Yr wỵf i yn mỵnd, byddaf i yn mỵnd (fe fyddaf i'n mỵnd), yr oeddwn i yn mỵnd; y mae ef yn canu, bỵdd ef yn canu (fe fỵdd e'n canu), yr oedd ef yn canu; yr ydỵm ni yn aros, byddwn ni yn aros (fe fyddwn ni'n aros), yr oeddem ni yn aros; yr ydỵch chwi yn dyfod, byddwch chwi yn dyfod (fe fyddwch chwi'n dod), yr oeddech chwi yn dyfod; y maent hwỵ yn dysgu, byddant hwỵ yn dysgu (fe fyddant hwỵ'n dysgu), yr oeddent hwỵ yn dysgu; y mae ci ganddo ef, bỵdd ci ganddo ef (fe fỵdd ci ganddo ef), yr oedd ci ganddo ef.

Exercise 2. Nid wỵf i ddim yn ateb. A fyddaf i yn ateb? A oeddwn i yn ateb? A oes bara ar y bwrdd? Nac oes, nid oes dim bara ar y bwrdd. A oedd papur yn y siop? Oedd, yr oedd papur. A fỵdd ef yn dyfod heno? Nid oeddem ni ddim yn mỵnd i'r dref. Nid oedd y bechgỵn ddim yn canu yn y strỵd.

Exercise 3. We were walking to the cinema last night and it was raining. The film was very good. In the film there was an old man. He had no money, he was living in the country and he had a good dog. Do you like going to the cinema? There is no cinema in the village, but the town cinema is very big.

Exercise 4. The old country, the old language, there is a university in the town, dear Eluned, a very good boy, a new house, a very interesting film.

Lesson 14

Exercise 1. ein baban ni, eich baban chwi, eu baban hwỵ: ein bachgen ni, eich bachgen chwi, eu bachgen hwỵ: ein beisicl ni, eich beisicl chwi, eu beisicl hwỵ: ein brawd ni, eich brawd chwi, eu brawd hwỵ; ein bws ni, eich bws chwi, eu bws hwỵ;

D

ein cae ni, eich cae chwi, eu cae hwq; ein cap ni, eich cap chwi,
eu cap hwq; ein cadair ni, eich cadair chwi, eu cadair hwq, ein
car ni, eich car chwi, eu car hwq, etc.

Exercise 2.   ei faban ef, ei feisicl ef, ei gap ef, ei gar ef,
ei ddesg ef, ei waith ef, ei ardd ef, ei lyfr ef, ei fam ef, ei fat ef,
ei bapur ef, ei daith ef, ei ysgol ef.

Exercise 3.   fy afal i, fy meibl i, fy mrecwast i, fy mwced i,
fy nghalon i, fy ngheffql i, fy nesg i, fy enw i, fy fferm i, fy
ngwraig i, fy het i, fy llaw i, fy meddqg i, fy mharc i, fy mhotel i,
fy swper i, fy nhref i, fy ysgol i.

Exercise 4.   1. My father is living in Cardiff (Caerdqdd).
2. Has thy mother a book? Yes, she has a book.   3. There is
no bread on my table (bwrdd).   4. In our mother's basket there
are lots of apples.   5. There are many people today in the town
of Swansea.   6. Is his brother going to school yet?   7. There
was no money in the boy's pocket.   8. We are beginning to
read our book well.   9. The boys are speaking in Welsh.
10. His father will not be going to the factory tomorrow.

Exercise 5.   I am sitting on my chair in the farmer's garden
He is working now. The sun is very hot and I am wearing my
cap on my head. I am reading a Welsh paper: I like reading
my paper in his garden. My coat is on the floor. The birds are
singing sweetly, I am very happy. Yonder is my son on the top
of the hill. He is going to the teacher's house. The teacher lives
near the church and he has a little car. There's the car now
going through the village. It's not going quickly, there's a lot
of people in the street.

Lesson 15

Exercise 1.   Ei harian hi, ei baban hi, ei Beibl hi, ei brawd hi,
ei bws hi, ei chalon hi, ei chegin hi, ei chi hi, ei desg hi, ei
henw hi, ei ffedog hi, ei gwlad hi, ei gwely hi, ei het hi, ei
llythqr hi, ei llong hi, ei mam hi, ei mochqn hi, ei phapur hi,
ei photel hi, ei rhosqn hi, ei stori hi, ei thad hi, ei theisen hi,
ei hysgol hi.

Exercise 2.

fy athro i, dy athro di, ei athro ef, ei hathro hi, ein hathro ni,
   eich athro chwi, eu hathro hwq.
fy mag i, dy fag di, ei fag ef, ei bag hi, ein bag ni, eich bag chwi,
   eu bag hwq.
fy nghae i, dy gae di, ei gae ef, ei chae hi, ein cae ni, eich cae chwi,
   eu cae hwq.

'y nghar i, dy gar di, ei gar ef, ei char hi, ein car ni, eich car chwi,
eu car hwᵫ.

'y ninas i, dy ddinas di, ei ddinas ef, ei dinas hi, ein dinas ni,
eich dinas chwi, eu dinas hwᵫ.

'y eglwᵫs i, dy eglwᵫs di, ei eglwᵫs ef, ei eglwᵫs hi, ein heglwᵫs
ni, eich eglwᵫs chwi, eu heglwᵫs hwᵫ.

'y ffatri i, dy ffatri di, ei ffatri ef, ei ffatri hi, ein ffatri ni, eich
ffatri chwi, eu ffatri hwᵫ.

'y ngwaith i, dy waith di, ei waith ef, ei gwaith hi, ein gwaith ni,
eich gwaith chwi, eu gwaith hwᵫ.

'y hanes i, dy hanes di, ei hanes ef, ei hanes hi, ein hanes ni, eich
hanes chwi, eu hanes hwᵫ.

'y iaith i, dy iaith di, ei iaith ef, ei hiaith hi, ein hiaith ni, eich
iaith chwi, eu hiaith hwᵫ.

'y llaw i, dy law di, ei law ef, ei llaw hi, ein llaw ni, eich llaw
chwi, eu llaw hwᵫ.

'y mab i, dy fab di, ei fab ef, ei mab hi, ein mab ni, eich mab
chwi, eu mab hwᵫ.

'y mharc i, dy barc di, ei barc ef, ei pharc hi, ein parc ni, eich
parc chwi, eu parc hwᵫ.

'y siop i, dy siop di, ei siop ef, ei siop hi, ein siop ni, eich siop
chwi, eu siop hwᵫ.

'y nhân i, dy dân di, ei dân ef, ei thân hi, ein tân ni, eich tân
chwi, eu tân hwᵫ.

'y ynᵫs i, dy ynᵫs di, ei ynᵫs ef, ei hynᵫs hi, ein hynᵫs ni, eich
ynᵫs chwi, eu hynᵫs hwᵫ.

Exercise 3. 1. This man was going to our house. 2. There
ᵫe is in our garden. 3. Here's my pencil on your table. 4.
Where's your pencil? 5. There's my father coming from his
work in the factory. 6. There's your dog standing on the
bridge. 7. They were going to their house. 8. Where's her
house? There it is on the top of the mountain. 9. Is your bus
going to Bridgend? 10. Your brother and sister. My father
and mother.

Exercise 4. Dyma fy nhᵫ. Ble mae tᵫ eidh chwaer? Ble
mae'i dᵫ ef? Dyna fe ar y brᵫn. Y mae'ch bachgen chwi yn
sefᵫll yn y cae. Ble mae'ch mab chwi? Nid ᵫw ef ddim yn
gweithio yn fy ngardd i. Dyma fy nhad yn dod o'i waith ef. Y
mae ef yn mᵫnd i'w dᵫ. Dacw fferm fy nhad i.

LESSON 16

Exercise 1. fy agor i, fy mlino i, fy nghario i, fy nal i, fy
ngolchi i, fy lladd i, fy mhriodi i, fy rhoi i, fy nhalu i.

Exercise 2. 1. Y mae ef yn fy nghario i. 2. Yr oedd fy mam

yn fy ngolchi i. 3. Fe fŷdd hi yn fy mhriodi i yn y capel
newŷdd. 4. Yr oedd y llyfr yn fy mlino i. 3. Ni fŷdd yr
athro ddim yn fy lladd i.

Exercise 3. 1. He is carrying me. 2. My mother was
washing me. 3. She will be marrying me in the new chapel.
4. The book was wearying me. 5. The teacher will not kill
me.

Exercise 4. ei anghofio ef, ei gadw ef, ei ganu ef, ei golli ef,
ei ddarllen ef, ei ddechrau ef, ei weld ef, ei wisgo ef, ei hoffi ef,
ei fagu ef, ei brynu ef, ei smocio ef, ei dorri ef, ei yfed ef.

Exercise 5. 1. Fe fyddaf i yn ei anghofio ef. 2. Yr ydŷm ni
yn ei ganu ef. 3. Yr oeddech chwi yn ei ddarllen ef. 4. Nid
wŷf i ddim yn ei weld ef. 5. Nid wŷf i ddim yn ei hoffi ef.
6. Ni fydd ef i ddim yn ei dorri ef.

Exercise 6. 1. I shall forget him. 2. We are singing it.
3. You were reading it. 4. I do not see him. 5. I do not like
him. 6. He will not break it.

Exercise 7. Y mae ef yn fy ngolchi i, yn dy olchi di, yn ei
olchi ef, yn ei golchi hi, yn ein golchi ni, yn eich golchi chwi,
yn eu golchi hwŷ. Y mae ef yn fy nysgu i, yn dy ddysgu di,
yn ei ddysgu ef, yn ei dysgu hi, yn ein dysgu ni, yn eich dysgu
chwi, yn eu dysgu hwŷ.

Exercise 8. Y maent hwŷ yn fy hoffi i, y maent hwŷ yn fy
nharo i, yr oeddent hwŷ yn ei ddeffro ef, a ydŷnt hwŷ yn ei
weld ef? Nid ydŷnt hwŷ ddim yn ein caru ni, a fyddant hwŷ yn ei
ladd ef? Byddaf i yn eich arwain chwi, yr oeddwn i yn ei gadw
ef, fe fyddwch chwi yn ei hoffi ef, fe fyddaf i yn ei golli ef.

Exercise 9. 1. We are not sending him to school today.
2. She is leading me through the farmer's garden. 3. My
children are wearying him greatly. 4. His father will carry
him across the river to the top of the mountain. 5. They will
be coming to see you tomorrow. 6. He will be marrying her
in the chapel. 7. The boy was striking the other child on his
head. 8. Here's my letter : I'm writing it on the table by the
fire. 9. Her son was waking him at two o'clock. 10. We are
taught (get taught) at home.

Exercise 10. 1. Yr wyf i yn ei gael ef. 2. Yn mae hi yn ei
gweld hi. 3. Y mae hi yn eu taro hwy.

LESSON 17
Exercise 1. 1. Yr wŷf i wedi aros. 2. Y mae ef wedi canu.
3. Yr ydŷm ni wedi chwarae. 4. Yr ydŷch chwi wedi taro.

5. Nid wyf i ddim wedi sefyll. 6. Nid yw ef ddim wedi gweld. 7. A ydych chwi wedi cael tê? 8. A ydym ni wedi nofio yn yr afon? 9. Nid ydynt hwy ddim wedi rhwyfo. 10. A yw hi wedi talu?

Exercise 2.   dysgais, dysgaist, dysgodd, dysgasom, dysgasoch, dysgasant.

darllenais, darllenaist, darllenodd, darllenasom, darllenasoch, darllenasant.

cofiais, cofiaist, cofiodd, cofiasom, cofiasoch, cofiasant

cerais, ceraist, carodd, carasom, carasoch, carasant.

clywais, clywaist, clywodd, clywsom, clywsoch, clywsant.

ysgrifennais, ysgrifennaist, ysgrifennodd, ysgrifenasom, ysgrifenasoch, ysgrifenasant.   (Note one 'n' only in plural.)

Exercise 3.   Fe (mi) genais i yn yr eglwys. Fe (mi) gollaist ti dy gap di. Fe (mi) ddysgodd ef yr hen iaith. Fe (mi) atebasom ni yn yr ysgol. Fe (mi) gysgasom ni yn ein hystafell ni. Fe (mi) dalodd ef ni. Fe (mi) nofiasoch chwi yn yr afon. Fe (mi) welsom ni'r ci yn ein gardd ni. Fe (mi) siaradodd ef yn dda. Fe (mi) deflais i ef i'ar afon.

Exercise 4.   1. Yr wyf i yn ysgrifennu, yr wyf i wedi ysgrifennu, (fe) ysgrifennais i. 2. Y mae ef yn eistedd. Y mae ef wedi eistedd, (fe) eisteddodd ef. 3. Yr ydym ni yn dysgu, yr ydym ni wedi dysgu, dysgasom ni, (fe ddysgasom ni). 4. Y maent hwy yn cerdded, y maent hwy wedi cerdded. cerddasant hwy, (fe gerddasant hwy). 5. Yr wyf i yn rhedeg. yr oeddwn i yn rhedeg, byddaf i yn rhedeg (fe fyddaf i yn rhedeg), yr wyf i wedi rhedeg, rhedais i (fe redais i). 6. Yr wyf i yn cael fy nysgu. 7. A oes ci yn y tŷ? 8. Nid oes dim coeden ar ben y mynydd. 9. Y mae fy nhad yn byw yn y pentref hwn. 10. Y mae ef yn cario ei fag ef i'r dref. 11. Y mae ef yn fy ngharu i, y mae hi yn ei garu ef, y mae ef yn ei charu hi.

Exercise 5.   1. Gwelais fachgen yn chwarae. 2. Collodd ef gi yn y pentref. 3. Fe ddysgasom Gymraeg. 4. Clywsom gwcw yn yr ardd. 5. Fe ddarllenodd hi bapur.

Lesson 18

Exercise 1.   euthum, aethost, aeth, aethom, aethoch, aethant; deuthum, daethost, daeth, daethom, daethoch, daethant; gwneuthum, gwnaethost, gwnaeth, gwnaethom, gwnaethoch, gwnaethant; cefais, cefaist, cafodd, cawsom, cawsoch, cawsant; bum, buost, bu buom, buoch buont.

Exercise 2.   1. Aeth y bachgen i'r ysgol. 2. Daeth y bechgyn i'n tŷ ni. 3. Gwneuthum i'r bara ddoe. 4. Cawsom ni frecwast yn y gegin fach. 5. Buoch chwi yn Llundain ddoe.

Exercise 3. 1. I got up at two o'clock. 2. I saw Alun yesterday buying bread in this shop. 3. I was in Bridgend yesterday. 4. Alun and Dafydd went to the cinema to see the film. 5. They walked to the town. They went to the new cinema. 6. 'How are you?' he asked. 7. He heard his mother singing in the parlour. 8. They looked at (lit. 'on') my new car. 9. She went to her garden to see the flowers. 10. They went to walk through the farmer's fields. 11. We had breakfast in the village. 12. He got a good book in the little shop. 13. I am being seen. 14. We lived in London. 15. He died in Cardiff.

Exercise 4. Aeth y bachgen i'r siop i brynu bara. 2. Daethom ni i'ch gweld chwi. 3. Gwnaethant hwy deisen fawr. 4. Cefais frecwast yn y gegin. 5. Cawsom ein dysgu gartref. 6. Cawsom ni nofio yn yr afon. 7. Bum i yng Nghaerdydd ddoe. 8. Nofiodd ef yn y llŷm. 9. Buom ni yn bŵ yma. 10. Bu farw yn ifanc.

LESSON 19
Exercise 1. bris, gadair, dref, fawr, bobl, fwŷd, gael, bapur, dad, ddau, gloch, bob, dda, fuoch, fam, ardd, weithio, godi, wneud, fasged, dê.

Exercise 2. (*a*) fy nhad i, fy Nghymru i, fy ngheffŷl i, fy nghath i, fy mhapur i, fy mhensil i, fy nhrên i, fy ngardd i, fy ngwaith i, fy ngwlad i, fy masged i, fy meisicl i, fy mag i, fy nesg i, fy ninas i. (*b*) ei thad hi, ei chân hi, ei chadair hi, ei chartref hi, ei phobl hi, ei phen hi, ei thŷ hi, ei thê hi, ei thân hi; ni chlywodd, ni chenais, ni chariodd, ni phrynasom, ni thorasom.

Exercise 3. 1. In the village the farmer got a good price for his car. 2. My father came home and saw my mother sitting in her little chair. 3. They came to a big town in Wales. They saw lots of people there walking through the streets. They got food. 4. Her father and mother came with her to get a paper. 5. The boy ran towards the house. 6. Did your father see the rock? 7. The man woke at two o'clock. 8. The children heard their father speaking Welsh. 9. He answered every question. 10. He went to America and worked well there. 11. Were you in school yesterday? 12. 'I'm going to get breakfast', answered his mother, 'but there's no breakfast for you.' 13. He went out to the garden to work. There he was for an hour and a half. 14. The mother said: 'I'm going to get up to make a cake.' 15. In this house my father lived.

16. He did not hear the man singing.   17. I did not sing in the church.   18. We didn't see a bus.   19. I did not answer the question.   20. He did not carry the basket.   21. Did you have tea? Yes.   22. He did not buy the apples.

Exercise 4.

bris (pris)—Soft mutation, object of inflected verb.

chadair (cadair)—Spirant mutation after 'ei' (f) her.

dref (tref)—soft mutation after preposition 'i'.

fawr (mawr)—Soft mutation, adjective describing feminine singular noun.

Nghymru (Cymru)—Nasal mutation after preposition 'yn'.

lawer (llawer)—Soft mutation, object of inflected verb.

bobl (pobl)—Soft mutation after preposition 'o'.

fwŷd (bwŷd)—Soft mutation, object of inflected verb.

thad (tad)—Aspirate mutation after 'ei' (f) her.

gael (cael)—Soft mutation after preposition 'i'.

welodd (gwelodd)—Soft mutation after 'A' introducing question.

ddeffrodd (deffrodd)—Soft mutation after 'fe' or 'mi'.

bob (pob)—Soft mutation, object of inflected verb.

dda (da)—Soft mutation of 'da' combined with 'yn' to form adverb equivalent.

fam (mam)—Soft mutation after 'ei' (m) his.

nhad (tad)—Nasal mutation after 'fy'.

chlywodd (clywodd)—Aspirate mutation after 'Ni'.

LESSON 20

Exercise 1.

mor wŷn ag eira	mor dlws â darlun
cŷn wynned ag eira	cŷn dlysed â darlun
mor felŷs â siwgr	mor grŷf â cheffyl
cŷn felysed â siwgr	cŷm gryfed â cheffyl
mor dlawd â llygoden eglwŷs	mor fawr â mynŷdd
cŷn dloted â llygoden eglwŷs	cymaint â mynŷdd
mor dda ag aur	
cystal ag aur	

Exercise 2. yn wynnach nag eira, yn dlysach na darlun, yn felysach na siwgr, yn gryfach na cheffyl, yn dlotach na llygoden eglwŷs, yn fwŷ na mynŷdd, yn well nag aur.

Exercise 3. gwynnaf, tlysaf, cochaf, tecaf, mwŷaf newŷdd, mwŷaf prydferth, mwŷaf, gwaethaf, nesaf, lleiaf; whitest, prettiest, reddest, fairest, newest, most beautiful, biggest, worst, nearest or next, smallest.

Exercise 4. fy mhen i, fy nghalon i, fy nhŷ i, fy ngwlad i, fy mrawd i, fy narlun i.

Exercise 5. Y mae Alun yn dalach na Dafydd, ond Enid yw'r dalaf o'm plant. Alun is taller than Dafydd, but Enid is the tallest of my children. Y mae ef cyn gryfed â'i dad ef. He is as strong as his father. Y mae ef yn dda, ond ei chwaer yw'r orau o'r plant. He is good but his sister is the best of the children.

Exercise 6. 1. The nearest (next) town is Bridgend. 2. Where is the best boy in this school sitting? 3. Yonder is the highest mountain in Wales. 4. Here's the most interesting book in our house. 5. I am as good as you. 6. The first train will be going out at two o'clock. 7. Here's the best road to go to Aberystwyth. 8. He asked in the first house, where his father was. 9. I was living in the next house.

Exercise 7. Cymru—nasal after yn: caled—soft after yn to form adverb: gwlad, soft, adjective precedes noun: gweld, soft after preposition 'i': pen, nasal after fy: tad, aspirate after ei (her): mawr—soft, adjective describing feminine singular noun: tê, soft after preposition 'o': cyflym, soft after mor: bwyd, soft, object of inflected verb.

Exercise 8. 1. Do, bum i yn eich tŷ ddoe. 2. Oes, y mae gennyf i lyfr. 3. Ydwyf, yr wyf i yn dod i weld y ffilm. 4. Yr wyf i yn dda iawn, diolch (or Da iawn, diolch). 5. Oeddwn, yr oeddwn i yn canu.

Exercise 9. Y llyfr gorau; y mynydd uchaf; y brawd hynaf; y bachgen gwaethaf;

y mae hi yn canu $\begin{cases} \text{cyn felysed ag aderyn;} \\ \text{mor felys ag aderyn;} \end{cases}$

Nid wyf i yn siarad cystal â chwi; y mae Dafydd yn well na'i dad ef: yr wyf i yn iau $\begin{array}{l} \\ \text{ifancach} \end{array}\Big\}$ na'm chwaer.

Here are five little pieces in Welsh, using the grammar explained so far in this book, read them aloud and translate them. (There is no key for them.)

(a) Bore da! Sut y mae'ch tad chwi? Da iawn, diolch! A'ch mam? Fe fydd y meddyg yn ei gweld hi am ddau o'r gloch. A ydyw Dafydd gartref? Nac ydyw, y mae ef wedi mynd allan.

(b) YN Y TREN. A oes lle yna? Oes, y mae digon o le yma. I ble yr ydych chiw yn mynd? Yr wyf i yn mynd i Gymru. Yn wir? I ble yr ydych chwi'n mynd yng Nghymru? Yr ydym ni yn mynd i Benybont. A fuoch chwi ym Mhenybont erioed? Do. Bum i yn byw yno am fisoedd. (Mis—month.) A ydym ni yn mynd drwy Rydychen? (Oxford). Nac ydym. Yr ydym ni yn mynd drwy Fadminton. Y mae'r trên yn mynd yn gyflym yn awr; fe fyddwn ni yno am ddau o'r gloch.

(c) Yr wyf i yn dysgu siarad ac ysgrifennu a darllen Cymraeg: yr wyf i yn Gymro: yr wyf i wedi cael fy ngeni (geni—to be born) yn Aberdâr. A ydych chwi yn fy neall i (deall—to understand)? Wrth gwrs (of course), yr ydym ni yn eich deall chwi yn berffaith, yr ydych chwi yn siarad yn dda!

(ch) Bore da! Sut yr ydych chwi heddiw? Da iawn, diolch. A ydyw'r bws wedi mynd i'r pentref? Ydyw, y mae ef wedi mynd am ddau o'r gloch. Yn awr, fe fyddaf i yn cerdded i'r pentref. Nid oes gennyf i arian i gael tacsi. Yr wyf i yn mynd i brynu teisen yn y siop newydd.

(d) Yr wyf i yn byw yn Abertawe. Nid wyf i yn siarad Cymraeg yn dda, yr wyf i yn ei dysgu hi. Yr wyf wedi prynu'r llyfr bach hwn ac yr wyf i yn ei ddarllen ef gartref. Y mae gennyf i dŷ newydd; nid oes car gennyf i eto. Yr wyf i'n hoff iawn o weithio yn fy ngardd i. Y mae hi'n brydferth. Y mae hi'n fach hefyd. Y mae llawer o flodau yn fy ngardd i. Yr wyf i yn hoff iawn o ddarllen ond nid oes dim amser i ddarllen yn awr. Yr wyf i yn mynd i'r gwaith. Yr wyf i yn gweithio yn y ffatri acw.

NUMERALS AND THEIR MUTATIONS

Welsh numbers are based on the vigesimal method. A Welshman counts in 20's after UGAIN. Two, three and four have distinct feminine forms:—

Cardinals (1-20)	Ordinals (1st to 20th)
1. Un, one.	1st Cyntaf.
2. Dau, Masc. / Dwy, Fem.—Two.	2nd Ail.
3. Tri, Masc. / Tair, Fem.—three	3rd trydydd (m.). / trydedd (f.).
4. Pedwar, Masc. / Pedair, Fem.	4th pedwerydd (m.). / pedwaredd (f.).
5. Pump. / Pum (before nouns).	5th pumed.
6. Chwech. / Chwe (before nouns).	6th chweched.
7. Saith.	7th seithfed.
8. Wyth.	8th wythfed.
9. Naw.	9th nawfed.
10. Deg.	10th degfed.
11. Un ar ddeg.	11th unfed ar ddeg.
12. Deuddeg.	12th deuddegfed.
13. Tri ar ddeg (m.). / Tair ar ddeg (f.).	13th trydydd ar ddeg (m.). / trydedd ar ddeg (f.).
14. Pedwar ar ddeg (m.). / Pedair ar ddeg (f.).	14th pedwerydd ra ddeg (m.). / pedwaredd ar ddeg (f.).
15. Pymtheg.	15th pymthegfed.
16. Un ar bymtheg.	16th unfed ar bymtheg.
17. dau ar bymtheg (m.). / dwy ar bymtheg (f.).	17th ail ar bymtheg.
18. deunaw (i.e. 2 x 9).	18th deunawfed.
19. pedwar ar bymtheg (m.) / pedair ar bymtheg (f.).	19th pedwerydd ar bymtheg (m.) / pedwaredd ar bymtheg (f.)
20. Ugain.	20th Ugeinfed.

Notice the usual soft mutation after AR: i.e. pymtheg (15) but un ar *b*ymtheg (16).

Nouns following numbers in Welsh are *singular*, e.g. un bachgen, one boy; tri bachgen, three boys.

In composite numbers, such as tri ar ddeg (13), the noun is placed after the first number, tri bachgen ar ddeg (13 boys). An alternative method with these numbers is to put O after

:hem, followed by a noun in the plural, e.g. tri ar hugain o
fechgyn, twenty-three (of) boys. This usage is preferable with
large numbers, e.g. un ar ddeg a deugain of fechgyn: fifty-one
(of) boys.

There is a growing tendency, especially for the purpose of
teaching arithmetic, to use the decimal system and to count
thus: un deg (10), un deg un (11), un deg dau (12), etc. These
numbers are followed by O and the plural: pum deg un o
fechgyn: 51 boys.

Mutations after Numbers

These can best be learnt by studying the following tables,
which contain the numeral combinations most widely used:—

cant (hundred), Masculine		Ceiniog (penny), Feminine	
un cant	: 100	un geiniog	: one penny
dau gant	: 200	dwy geiniog	: two pence
tri chant	: 300	tair ceiniog	: three pence
pedwar cant	: 400	pedair ceiniog	: four pence
pum cant	: 500	pum ceiniog	: five pence
chwe chant	: 600	chwe cheiniog	: six pence

It will be noticed that:

1. Un is followed by the soft mutation of a feminine noun
(except LL and RH).

2. Both dau and dwy are followed by the soft mutation, and
are themselves mutated after Y—y ddau ddyn—the two men.

3. Tri is followed by the aspirate mutation*: tri chi, three
dogs; tri pharsel, three parcels; tri thrên, three trains; whereas its
feminine counterpart TAIR does not cause mutation: tair tref,
three towns; tair merch, three daughters.

4. Chwe causes aspirate mutation: chwe phapur, six papers;
chwe cheiniog: chwe thŷ, six houses; chwe chant, 600.

The other numerals do not cause mutation.

Ordinals

Note

1. Cyntaf† is placed after the noun: y bachgen cyntaf, the
first boy; y ferch gyntaf, the first girl. (Notice the mutations
with feminine singular.)

---

* In spoken Welsh this mutation is very seldom observed except in the
example given in the table.

† Cyntaf is the only ordinal numeral adjective which is used like an ordin-
ary adjective.

2. The other ordinals precede the noun: yr ail fachgen, y pumed tŷ.

3. Ail is followed by the soft mutation: yr ail fachgen, yr ail ferch, but a masculine noun never mutates after any other ordinal adjective.

4. An ordinal in front of a feminine noun will cause soft mutation (like any other adjective which precedes the noun—Lesson 13) while the ordinal itself will undergo soft mutation after the definite article, e.g. trydydd (m), trydedd (f), third, Y drydedd ferch (the third daughter—merch) but y trydydd mab (the third son).

Diwrnod, blynedd and blwydd

These are special forms of dydd (day), and blwyddyn (year), used after numerals. They undergo nasal mutation after pum, saith, wyth, naw, deg (which changes to deng), deuddeg (which changes to deuddeng), pymtheg (which changes to pymtheng), ugain, and its compounds:

Diwrnod (days)   : pum niwrnod*, five days.
Blynedd (years)   : pum mlynedd, five years.
Blwydd (years of age)   : pum mlwydd oed, five years of age

The Time

Beth yw hi o'r gloch? What time is it? (What is it of the clock?)
Un o'r gloch, dau o'r gloch, tri o'r gloch: one o'clock, two o'clock, three o'clock, etc. Hanner awr wedi tri, half past three; chwarter i bedwar, quarter to four (soft mutation after i), chwarter wedi naw, quarter past nine: pum munud wedi tri, five past three; ugain munud i bedwar, twenty to four; y mae'n ddau o'r gloch, it's two o'clock: am chwech o'r gloch, at six o'clock; hanner dydd, midday; hanner nos, midnight.

Dates

January : Ionawr	May : Mai	September: Medi
February: Chwefror	June : Mehefin	October : Hydref
March : Mawrth	July : Gorffennaf	November: Tachwedd
April : Ebrill	August: Awst	December : Rhagfyr

Y deunawfed o Fai (soft mutation after o)

          = the 18th of May

Y cyntaf o Fawrth   = the 1st of March.
Y nawfed o Orffennaf   = the 9th of July.

*In spoken Welsh this mutation is not observed.

Reference List of Numbers 20—100

Cardinals		Ordinals	
20.	ugain.	20th	ugeinfed.
21.	un ar hugain.	21st	unfed ar hugain.
22.	{ dau ar hugain (m.).	22nd	ail ar hugain.
	{ dwy ar hugain (f.).		
30.	deg ar hugain.	30th	degfed ar hugain.
40.	deugain.	40th	deugeinfed.
41.	un a deugain.	41st	unfed a deugain.
50.	deg a deugain.	50th	degfed a deugain.
	(hanner cant, half a		
	hundred).		
51.	un ar ddeg a deugain	51st	unfed ar ddeg a deu-
55.	pymtheg a deugain.		gain.
*60.	trigain(= tri ugain).	55th	pymthegfed a deugain.
61.	un a thrigain.	60th	trigeinfed.
65.	{ trigain a phump.	61st	unfed a thrigain.
	{ pump a thrigain.	65th	pumed a thrigain.
70.	{ trigain a deg.		
	{ deg a thrigain.	70th	degfed a thrigain.
80.	pedwar ugain.	80th	pedwar ugeinfed.
85.	pedwar ugain a	85th	pumed a phedwar
	phump.		ugain.
*90.	{ deg a phedwar ugain.	90th	degfed a phedwar
	{ pedwar ugain a deg.		ugain.
*95.	pedwar ugain a	95th	pymthegfed a phedwar
	phymtheg.		ugain.
		100th	canfed.
100.	cant.	101st	canfed ac un.
101.	cant ac un.	130th	canfed a deg ar hugain.
130.	cant a deg ar hugain.	200th	deucanfed.
200.	dau gant.	1,000th	milfed.
1,000.	mil (f.).		
2,000.	dwy fil.		
1,000,000.	miliwn.		

un waith, once; dwy waith, twice; teirgwaith, thrice; pedair gwaith, four times; yn gyntaf, firstly; yn ail, secondly; ar unwaith, at once; lawer gwaith, often; weithiau, sometimes.

Exercise 1. Read in Welsh and translate into English:—
Ar y pymthegfed o Fedi yr oeddwn i yn eistedd yn fy nghadair fawr ac yr oeddwn i yn darllen fy mhapur. Dywedodd fy mab: 'Yr wyf i'n mynd i'r sinema. A oes gennyt ti arian? Fe fyddaf i'n mynd i Gaerdydd'. 'Oes', dywedais i. 'A fuost ti yn fachgen da ddoe?' 'Do', atebodd ef. Ym mhoced fy nghot nid oedd llawer o arian ond dywedais i: 'Dyma ddeunaw'. 'Diolch yn

---

* With 60 and over use the bigger number first, i.e. pedwar ugain a phump.

fawr', dywedodd Gwilym. 'Yn awr, yr wŷf i'n mynd ar un-waith, y mae'r bws yn mynd am chwarter i ddau. Fe fyddwn i'n ôl am chwech o'r gloch i gael tê'. 'A qw dy fam di wedi mynd allan i weld Mrs. Jones drws nesaf? Y mae hi'n well heddiw ac fe fydd hi'n mynd i'r ffatri yfory.

Exercise 2. Translate into English:—1. Y mae fy mab i 'n naw mlwydd oed, a'm merch yn chwech. 2. Yr wŷf i 'n ddeugain mlwydd oed. 3. Yr oedd ugain bachgen yn yr ysgol hon. 4. Y mae ganddo ef dair ceiniog yn ei boced ef. 5. A oes eglwys yn Aberdâr? Oes, y mae tair eglwys yma a llawer o gapeli. 6. Yr ydym ni yn aros yn Aberystwyth am naw niwrnod. 7. Y mae saith niwrnod mewn* wythnos (week). 8. Y mae pedair wythnos mewn mis (month). 9. Y mae ugain swllt (shilling) mewn punt (pound). 10. Y mae deuddeg mis mewn blwyddyn.

* Mewn = in a, in an. See next chapter (mewn cae, in a field: mewn lyfr, in a book).

(b) Ending with nouns, and not followed by mutation:—

Lesson 22

PREPOSITIONS

We have seen in Chapter 11 that certain prepositions : am, ar, at; dros, drwy, dan; i, wrth, o; hyd, heb, gan; are followed by the soft mutation : am ddau o'r gloch, ar ben y mynydd, etc. Some prepositions do not cause mutation. Here are the most common:—

CYN = before	Cyn cinio, before dinner.
ER = since (a specified time)	Er mis i heddiw: since a month (to) today.
ERS = since (unspecified time)	Ers dyddiau: since days = for days past.
ERBYN = by	Erbyn tê, by tea-time. Erbyn tri o'r gloch, by three o'clock.
YN ERBYN = against	Yn erbyn y wal. Against the wall.
GER = near	Ger drws y tŷ = near the door of the house.
MEWN = in a (used before an indefinite word, otherwise YN is used, e.g. mewn car (in *a* car) but yn y car (in *the* car). (Mewn car: in a car.)	
RHAG: from, lest	Rhag drwg: from evil.
RHWNG = between	Rhwng dau ddyn: between two men. Rhwng Aberdâr a Chaerdydd*, between Aberdare and Cardiff.
WEDI: after	Wedi dau o'r gloch: after two o'clock. Wedi taith hir: after a long journey.

There are also compound prepositions, i.e. ones made up of (a) groups of prepositions or (b) prepositions and nouns.

(a) the last preposition will take its usual mutation:—

Heibio i (*soft*) = Past (of direction)	heibio i ddrws yr eglwys, past the door of the church.
Hyd at: as far as	hyd at sgwar y pentref, as far as the village square.
Oddi ar: from (on)	Syrthiodd ef oddi ar ei geffyl, he fell from his horse.
Tuag at: towards	tuag at dŷ'r ffermwr: towards the farmer's house.
Y tu allan i: outside	y tu allan i 'r drws: outside the door.
Y tu draw i: beyond	y tu draw i 'r afon: beyond the river.
Y tu ôl i: behind	y tu ôl i ddrws y cwpwrdd: behind the cupboard door.
Y tu mewn i: inside	y tu mewn i 'r tŷ: inside the house.

* The conjunction 'a' (and) takes the spirant mutation.

(b) Ending with nouns, and not followed by mutation:—

*Ar hyd** glannau 'r afon	*along* the banks of the river.
Ar òl cinio	*after* dinner.
Ar draws y cae	*across* the field.
Er mwyn Cymru	*for the sake of* Wales.
O flaen y tân	*in front of* the fire.
Heb law fy mam	*besides, apart* from my mother
Ymhlith ei bobl ef	*amongst* his people.
Uwch ben y drws	*above* the door.
Yn ymyl yr eglwys	*near* the church.
Yn lle mynd i'r eglwys	*instead of* going to church.
Ymhen mis	*within* a month.

A number of Welsh prepositions have personal forms which can be conjugated. We have already met one in Lesson 8. Gennyf i, gennyt ti, etc. There are three main conjugations:—

First Conjugation

At (towards)		Ar (on)	Dan (under)	Am (about)
Ataf i	towards me	Arnaf i, on me	Danaf i, under me	Amdanaf i.
Atat ti	„ thee	Arnat ti	Danat ti	Amdanat ti.
Ato ef	„ him	Arno ef	Dano ef	Amdano ef.
Ati hi	„ her	Arni hi	Dani hi	Amdani hi.
Atom ni	„ us	Arnom ni	Danom ni	Amdanom ni.
Atoch chwi	„ you	Arnoch chwi	Danoch chwi	Amdanoch chwi.
Atynt hwy	„ them	Arnynt hwy	Danynt hwy	Amdanynt hwy.

Second Conjugation

Yn (in)	Heb (without)	Trwy, Drwy (through)	Tros, Dros (over, on behalf of)	O (of, from)
Ynof i, in me	Hebof i	Drwof i or trwof i	Drosof i	Ohonof i
Ynot ti, in thee	Hebot ti	Drwot ti	Drosot ti	Ohonot ti
Ynddo ef, in him	Hebddo ef	Drwyddo ef	Drosto ef	Ohono ef
Ynddi hi, in her	Hebddi hi	Drwyddi hi	Drosti hi	Ohoni hi
Ynom ni, in us	Hebom ni	Drwom ni	Drosom ni	Ohonom ni
Ynoch chwi, in you	Heboch chwi	Drwoch chwi	Drosoch chwi	Ohonoch chwi
Ynddynt hwy, in them	Hebddynt hwy	Drwyddynt hwy	Drostynt hwy	Ohonynt hwy

---

* Note that 'hyd' here is a noun ('length of') and not the preposition 'until'.

† See note on -f on page 11.

Third Conjugation

Wrth—over, against, by, etc.	Gan, with
Wrthyf i	gennyf i
wrthyt ti	gennyt ti
wrtho ef	ganddo ef
wrthi hi	ganddi hi
wrthym ni	gennym ni
wrthych chwi	gennych chwi
wrthynt hwy	ganddynt hwy

The preposition *i* (to) is conjugated as follows:—
i mi, i ti, iddo ef, iddi hi, i ni, i chwi, iddynt hwy.

Here are some examples of the personal forms:—

At : Daeth ef ataf i = he came to me.
Heb : Aethom ni hebddo ef = We went without him.
Dros : Dringasom y mynydd a cherdded* drosto : we climbed the mountain and walked across it.

Verbs taking prepositions

There are a number of verbs in Welsh followed by prepositions and their personal forms. The prepositions are followed, of course, by their usual mutations :—

Blino ar—to tire of. Yr wyf i wedi blino ar ddarllen : I'm tired of reading. Cofio am—to remember. Cofiais i amdanynt hwy : I remembered them. †Mynd â—to take (to go with). Euthum i â Sion i'r sinema : I took John to the cinema. Chwerthin am ben—to laugh at. Chwarddasom am ei ben ef : We laughed at him. For further information concerning prepositions after verbs, consult the list of verbs in Appendix 2 at the end of the book.

Exercise 1. Read aloud and translate into English:—
1. Euthum i am dro (tro—trip, walk) ar hyd y traeth (beach) at droed (troed, foot) y graig cyn brecwast. 2. Rhedodd y plismyn ar draws gwlad i ddal (dal, catch) eu dyn a daliasant ef y tu allan i ddrws ein tŷ ni. 3. Nid wyf i wedi ei weld ef ers misoedd. 4. Cuddiodd (cuddio, hide) ef y trysor y tu mewn i'r tŷ y tu ôl i'r lle (place) tân. 5. A aeth ef i gysgu (cysgu, sleep)

* The Welsh verb-noun or Infinitive is often considered more elegant than inflected tenses, in consecutive actions, when the subject has been established.

† Similarly dod â = to bring (lit. to come with).

o flaen y tân wedi cinio yn lle mynd ymlaen (on) â 'i waith (gwaith, work)? Do. 6. Ysgrifennais i ato ef heb son (mention) amdani hi. 7. Galwodd (galw, call) ei fam arno o droed y grisiau (gris, step; grisiau, stairs) a dywedodd wrtho am godi (codi, get up). 8. Ni ofynasom ni (gofyn, ask) iddynt hwy am ddod (dod, come) am dro gyda (with) ni yn ein car ni. 9. Buom ni 'n gwrando (listen) ar y radio am ddwy awr neithiwr (last night), ond heno (tonight) byddwn ni yn edrych (look) ar raglenni 'r teledu (rhaglen f. programme, teledu m. television). 10. Peidiwch (peidio—stop) â dôd â (dôd â=come with, bring) gormod o arian ar eich taith (journey).

Exercise 2. Translate carefully into Welsh, looking up the words in the vocabulary:—1. They went for a walk and they came back (yn ôl) by three o'clock. 2. Did he run as far as the village, past the post office (llythyrdy) and over the field between the church and the chapel and come back? No. 3. Will you be writing to them and asking them to meet the train? 4. They listened to him talking for two and a half hours and then (wedyn) they got tired of him. 5. He wrote a book for the sake of Wales and the Welsh language. 6. She went home (adref) without him. 7. We called him early (yn gynnar). 8. I wrote a letter to the boy. 9. He did not bring his friend (ffrind) to us. 10. Was he laughing at me?

Lesson 23

IDIOMATIC USES OF PREPOSITIONS

AR and its personal forms 'arnaf i', etc., can be used with EISIAU (need) and the verb BOD, to be, to express want, e.g.:

Y mae eisiau bwyd ar y bachgen : there is need of food on the boy. The boy wants food.

Y mae eisiau llyfr arno ef : there is need of a book on him; he wants a book.

Y mae eisiau dal trên arno ni : we want to catch a train.

Negative	: Nid oes eisiau cinio arni hi : she does not want dinner.
Question	: A oes eisiau help arnoch chwi? : do you want help?
Past Tense	: Yr oedd eisiau mynd adref arno ef : there was need to go home on him; he wanted to go home.
Future	: Bydd eisiau tegell arnom i ferwi dwr : there will be need of a kettle on us to boil (berwi) water. we shall want a kettle to boil water.

AR is similarly used with the following nouns:—

OFN (fear)	Y mae ofn arnaf i: There is fear on me: I am afraid.
CHWANT (desire)	Y mae chwant arnaf i fynd: I'm disposed to go.
HIRAETH AM (longing for)	Y mae hiraeth arnaf i am Gymru: I am longing for Wales.
SYCHĔD (thirst)	Y mae syched arnaf i: I'm thirsty.
ANNWYD (a cold)	Y mae annwyd arnaf i: I have a cold.
PESWCH (a cough)	Y mae peswch arno ef: He has a cough.
Y DDANNOEDD (the toothache)	Y mae'r ddannoedd arni hi: she has toothache.

and so on with other ailments and diseases.

AR is also used with the verb-noun to form an imminent future:—Yr wyf i ar fynd : I'm (on the point of) going : I'm about to go.

Gan. (See Lesson 8 for gennyf i, etc.)

Y mae'n dda gennyf i : I am glad (lit. it is good with me).

Y mae'n dda gennyf i glywed am eich plant : I'm glad to hear of your children.

Y mae'n ddrwg gennyf i : I'm sorry (lit. it is bad with me).

Y mae'n ddrwg gennyf i glywed am eich dannoedd : I'm sorry to hear of your toothache.

Y mae'n well gennyf i : I prefer (lit. it is better with me).

Y mae'n well gennyf i weithio yn yr ardd na gweithio yn y swyddfa : I prefer to work in the garden than to work in the office.

Y mae'n llawen gennyf i : I am delighted.

Notice that the adjectives da, drwg, gwell (but not those beginning with LL or RH—see Lesson 12) take soft mutation after YN—y mae yn dda gennyf i—and that the verb used afterwards also takes soft mutation—clywed, glywed, gweithio, weithio.

RHAID

RHAID (necessity) is used similarly to express compulsion:—

Y mae'n rhaid i mi	: it is a necessity for me : I must.
Rhaid i mi fynd	: I must go.
Nid oes rhaid i chwi fynd	: there is no need for you to go.
A oes rhaid i mi fynd?	: must I go?
Yr oedd yn rhaid i mi	: I had to
Bydd yn rhaid i mi godi	: I shall have to get up.

(Note Soft Mutation of verb mynd, fynd : codi, godi after rhaid i mi, etc.)

Cyn

This preposition is used with the verb-noun.

Cyn mynd : before going.

The preposition *i* and its personal forms identify the person:

Cyn i mi fynd : before I go, went. (Notice Soft Mutation after cyn i mi, etc.)

The tense must be deduced from the context.

Cyn i mi fynd, agorais i'r ffenestr.

Before I went, I opened the window.

Cyn i mi fynd, byddaf i yn agor y ffenestr.

Before I go, I shall open the window.

Similar constructions are used with WEDI (after), AR ÔL (after), WRTH (while, as), ER (although), NES (until, that= result), RHAG (lest), HEB (without).

wedi mynd, ar ôl mynd : after going.

wedi i chwi fynd, byddwn ni (or fe fyddwn ni), yn mynd i'r gwely.

After you go, we shall go to bed.

Wrth i mi fynd allan, syrthiais i : As I was going out, I fell.

Er iddo redeg, ni ddaliodd ef y trên : Although he ran, he did not catch the train.

Cerddais i ar hyd yr heol nes i mi gyrraedd y pentref : I walked along the road until I reached the village.

Gwisgais i got fawr rhag i mi gael annwyd : I wore an overcoat lest I might catch cold.

Heb wybod =without knowing. Heb i neb wybod =without anyone knowing.

O

O is used in the Partitive Genitive Construction. When 'of' denotes 'part of', o is used in Welsh, e.g. a piece of land : darn o dir; y dydd cyntaf o'r wythnos, the first day of the week; cwpanaid o ddwr, a cupful of water.

Gan and Dan

GAN is used with the verb-noun to imply an extension of activity of another verb:—

Aeth ef allan gan adael y drws ar agor : He went out, leaving the door open.

DAN is used adverbially to describe how a previous action is performed, e.g.:—

Aeth ef allan dan chwerthin : he went out, laughing.

Exercise 1. Read aloud and translate into English:—
1. Y mae eisiau dysgu Cymraeg arnaf i. 2. Y mae eisiau llyfrau Cymraeg i ddysgu darllen Cymraeg ac y mae eisiau clywed llawer o Gymraeg arnaf i. 3. A oes eisiau swper arnoch chwi? Oes, y mae eisiau swper arnaf i. 4. Nid oes eisiau mynd adref arnynt hwy. 5. Y mae arno ef hiraeth mawr am ei wlad. 6. Y mae peswch trwm arno. 7. Peidiwch â chodi. Yr ydym ni ar fynd. 8. Y mae'n well ganddo ganu na gweithio. 9. Bydd syched arnynt hwy erbyn amser tê. 10. Yr oedd ofn y tarw (bull) arni hi. 11. Bydd yn rhaid i Domi ganu am ei swper. 12. Cyn i chwi fynd y mae arnom ni eisiau eich clywed chwi 'n canu'r piano. 13. Er i mi geisio ei ddal ef, syrthiodd ef. 14. Wrth i ni ddringo'r grisiau, syrthiodd fy mrawd. 15. A oedd chwant canu arnoch chwi? Oedd.

Exercise 2. Translate into Welsh:—1. Will you need any bread? Yes. 2. He has a heavy cough. 3. We were very pleased to hear about his success (llwyddiant). 4. They were sorry to hear about his toothache. 5. She wants to go to see the dentist (deintydd). 6. She likes working in her garden. 7. He read the paper before going. 8. After reading the book, he went out to see the new film. 9. He went without paying (talu) and without anyone seeing him. 10. While they were going to Cardiff, they saw the new factory.

LESSON 24

INDIRECT STATEMENTS AND ADVERBIAL CLAUSES

When we report anything that has been said, we may either (a) give the exact words of the speaker: 'Y mae'r plismon ar y sgwar', *ebe'r dyn. 'The policeman is on the square', said the man, or (b) report what is said in an indirect form, usually introduced by the word 'fod' (that . . . is, are) before a *noun*:—

Dywedodd y dyn fod y plismon ar y sgwar : The man said that the policeman was on the square.

Dywedais i wrtho fod y plismon ar y sgwar : I told him that the policeman was on the square.

Fod can be either Present or Past in meaning depending on the context.

Y mae'r dyn yn dweud fod y plismon ar y sgwar : The man says that the policeman is on the square.

Dywedodd y tramp fod eisiau bwyd arno ef : The tramp said that he wanted food.

When a *pronoun* follows 'that' (that *I*, that *he*, etc.), the possessive adjective is placed before BOD which will be mutated according to the practice after possessive adjectives. (See Lessons 14 and 15.)

Fy mod i: that I am/was.	Ein bod ni: that we are/were.
Dy fod di: that thou art/wast.	Eich bod chwi: that you are/were.
Ei fod ef: that he is/was.	Eu bod hwy: that they are/were.
Ei bod hi: that she is/was.	

Y mae fy mam yn dweud ein bod ni'n mynd : Mother says that we are going.

Dywedodd ei fod ef wedi blino (wedi blino=tired) : He said that he was tired.

Dywedodd fy mod i yn gweithio : He said that I was working.

Dywedodd eu bod hwy wedi dechrau : He said that they had started.

Negative

In the negative, 'that . . . not', the exact wording of the statement is repeated, *ni* being changed to *na*, *nid* to *nad* (the person may have to change too).

Y mae ef yn dweud: 'Nid yw'r plismon yn y tŷ'. Y mae ef

* ebe ='said' 'quoth' is used when the speaker's exact words are given.

yn dweud nad yw'r plismon yn y tŷ : He says that the policeman is not in the house.

Dywedodd ef: 'Nid oedd y gath yn yr ardd'. Dywedodd ef nad oedd y gath yn yr ardd : He said that the cat was not in the garden.

Dywedodd ef: 'Ni chlywais i 'r newyddion'. Dywedodd ef na chlywodd ef y newyddion: He said that he did not hear the news.

Interrogative

Whether:—

Gofynnodd yr athro: 'A ydyw Siôn yn yr ysgol?' Gofynnodd yr athro a oedd Siôn yn yr ysgol : The teacher asked whether (if) John was in school.

Adverbial Clauses

Bod with a preposition is used to introduce adverbial clauses, e.g. gan fod (since), am fod, oherwydd bod, oblegid bod (because), er bod (although). Yr wyf i'n gwisgo cot fawr oherwydd bod y tywydd yn oer : I am wearing an overcoat because the weather is cold.

As above, possessive adjectives can be placed before BOD to indicate person:—

Gan fy mod i	: since I am/was.
Am fy mod i	: because I am/was.
Oherwydd ei fod ef	: because he is/was.
Er ein bod ni	: although we are/were.

Aeth ef allan heb got, er ei bod *hi'n bwrw glaw : He went out without a coat, although it was raining.

Eisteddais i wrth y tân am fy mod i'n oer : I sat by the fire because I was cold.

Negative

Yr wyf i'n gwisgo cot fawr am nad yw'r tywydd yn gynnes : I am wearing an overcoat because the weather is not warm.

Yr oeddem yn cerdded yn gyflym am nad oedd y tywydd yn gynnes : We were walking quickly because the weather was not warm.

Similarly, with the personal pronouns:—

Gan nad wyf i	: Since I am not
Am nad wyf i	: because I am not
Oherwydd nad wyf i	: ditto.
Oblegid nad wyf i	: ditto.
Er nad wyf i	: Although I am not

Alternative Constructions

When the reported speech contains a verb *other than the verb*

* In English 'it' is used to denote an impersonal subject, i.e. It is warm today. It is raining, etc. Welsh has no neuter and the feminine pronoun *Hi* is generally used instead.

'*to be*', the phrase DARFOD I (it happened that) or merely I
by itself is used, e.g.:—

'The boy sang well'   : Canodd y bachgen yn dda.
I heard that the boy sang well : Clywais i ddarfod i'r bachgen
                                     ganu yn dda.
                           or Clywais i i'r bachgen ganu yn
                                     dda.*

When a pronoun is the subject of the verb, the personal forms
of *i* will be used:—

He sang well   : Canodd ef yn dda.
I heard that (he) sang well   : Clywais ddarfod iddo ganu yn
                                     dda.
                           or Clywais iddo ganu yn dda.
(For the mutation of canu, see rhaid i mi fynd, etc.)
They lost the train   : Collasant hwy'r trên.
I heard that they lost the train : Clywais ddarfod iddynt golli'r
                                     trên.
                           or Clywais iddynt golli'r trên.

This construction may be used to translate 'BECAUSE', etc.:—
Aethant hwy gyda† thacsi am iddynt golli'r trên : They went
by taxi because they had lost the train.
Yr wyf i yn gwybod iddo brynu'r tŷ am ganpunt : I know
that he has bought the house for £100.

Exercise 1. Read aloud and translate into English:—
1. Dywedodd ei fod ef yn byw yng Nghaerdydd. 2. Dywedodd
y bechgyn eu bod hwy yn mynd i chwarae yn y parc. 3.
Dywedais fy mod yn hapus. 4. Sylwodd y plismon fod y
bechgyn yn yr ardd. 5. Aeth i'r ysgol gan fod arno eisiau
dysgu. 6. Nid arhosodd gartref er ei fod yn dost (tost, ill).
7. Paham (why) y mae'r dyn yn mynd i 'r gwaith? Am fod
eisiau arian arno. 8. Yr wyf i 'n hapus oherwydd fy mod i
gartref. 9. Aeth i 'r gwely oblegid ei fod wedi blino. 10.
Clywodd fy mam fy mod wedi chwarae'n dda ‡ddydd Sadwrn
(Saturday). 11. A ydych chwi yn gwybod ei fod wedi gwerthu
ei gar am chwe chant punt? 12. Nid yw'r blodau'n tyfu oblegid
nad yw hi'n gynnes. 13. Nid oedd ef yn gwisgo ei gôt gan nad
oedd yn bwrw glaw. 14. Gofynnodd yr athro a oedd y bachgen
wedi dysgu ei wers (gwers f.—lesson). 15. Clywais i ei fod ef
wedi bod yno ddoe.

Exercise 2. After you have checked your version of Exercise
1, translate it back into Welsh.

* Omission of darfod.
† Aspirate mutation after A (and), A (with, as), gyda (with), tua (towards).
‡ Expressions of time are mutated (soft).

THE RELATIVE PRONOUN

Who, which, that are relative pronouns. They join sentences or parts of sentences together. They usually refer to some noun that has gone before.

The two sentences—This is the house. Jack built it.—can be combined by the relative pronoun 'that'. 'This is the house that Jack built.' The relative pronoun 'that' refers to 'house'.

In Welsh, the relative pronoun in positive sentences is *A before vowels and consonants*. A is followed by the soft mutation (thus distinguishing it from *A* (and), which is followed by the aspirate mutation):—

Dyma'r llythɥr a ysgrifennais i ddoe : This is the letter which I wrote yesterday.

Y mae'r llyfr a brynais ddoe ar y bwrdd : The book that I bought yesterday is on the table.

Y mae'r dɥn a welsom yn y car wedi mɥnd : The man whom we saw in the car has gone.

The verb BOD, to be has its own relative form SɥDD or Sɥ (who is, are; which is, are):—

Dyma'r bechgɥn sɥdd yn canu yn y côr, *or* Dyma'r bechgɥn sɥ'n canu yn y côr : These are the boys who are singing in the choir.

Y mae'r dynion sɥ'n gweithio yn y cae yn bɥw yn y tai acw : The men who are working in the field live in the houses yonder.

These verbs can be used with both YN and WEDI:—

Y bachgen sɥdd yn canu	: the boy who is singing.	
Y bechgɥn sɥdd yn canu	: the boys who are singing.	
Y bachgen sɥdd wedi canu	: the boy who has sung.	
Y bechgɥn sɥdd wedi canu	: the boys who have sung.	
Y bachgen } a oedd yn darllen	: the boy who was } read-	
Y bechgɥn }	: the boys who were } ing.	
Y bachgen } a oedd wedi darllen	: the boy who had } read.	
Y bechgɥn }	: the boys who had }	
Y bachgen } a fɥdd yn codi	: the boy } who will get up.	
Y bechgɥn }	: the boys }	
Y bachgen } a fɥdd wedi codi	: the boy } who will have got	
Y bechgɥn }	: the boys } up.	

Another relatival form is biau (who own, who owns, who owned):—

Dyma'r dụn biau'r tụ̂ : this is the man who owns the house.

Negative

When the relative sentence is negative, NA or NAD is used. NA precedes consonants; NAD precedes vowels. Like NI, NA is followed by the aspirate mutation of C, P, T; the soft mutation of G, B, D, LL, M, RH:—

Dyma'r bachgen nad aeth i'r dref : Here's the boy who did not go to town.

Note that when the relative pronoun A is the subject (the doer of the action) of the verb that follows, the verb must be third person singular:—

Dyma'r bechgụn a dorrodd y ffenestr (torri—to break) : These are the boys who broke the window.

In the negative, however, the verb may be plural:—

Dyma'r bechgụn na thorasant y ffenestr : These are the boys who did not break the window.

*The Negative of SụDD is NAD YDYW; of OEDD, NAD OEDD; of FụDD, NA FụDD :—

Dyma'r bechgụn na sụdd yn canu yn y côr : These are the boys who are not singing in the choir.

Dyma'r bachgen nad oedd yn canu : Here is the boy who was not singing.

Dyma fachgen na fụdd yn canu : Here is a boy who will not be singing.

Dyma fechgụn na fyddant yn canu : Here are boys who will not be singing.

The Possessive form of the Relative Pronoun *Whose* or *of which* is translated by the relative particle Y (before a consonant) or YR (before a vowel), with a possessive adjective following the verb. Let us take a typical sentence:—

This is the man whose son sang in the choir.

In this sentence, there are two facts joined together by *whose*.

This is the man. His son sang in the choir.

Dyma'r dụn. Canodd ei fab yn y côr.

The two sentences in Welsh can be joined together thus:—

Dyma'r dụn y canodd ei fab yn y côr.

This is the man whose son sang in the choir.

When the second of two sentences begins with Y mae or Yr oedd, all that is necessary is to delete the full-stop:—

This is the man whose son is a doctor.

* In spoken Welsh the usual negative form is NA SYDD.

This is the man. His son is a doctor.

Dyma'r dyn. Y mae ei fab yn feddyg.

Dyma'r dyn y mae ei fab yn feddyg.

In which, in whom, to whom, from which, etc.

A similar method can be used to translate relative pronouns preceded by prepositions.

Examples.   This is the book in which I read the story.

This is the book. I read the story in it.

Dyma'r llyfr. Darllenais y stori ynddo. (Now join the sentences with y.)

Dyma'r llyfr y darllenais y stori ynddo.

Note the importance of knowing the gender of llyfr. It is masculine, therefore 'in it' (ynddo) is masculine. If it were feminine, the personal form of the preposition would be *ynddi*.

This is the field through which we ran.

This is the field. We ran through it.

This is the field we ran through (it).

Dyma'r cae y rhedasom ni drwyddo.

That's the river into which we fell.

That's the river. We fell into it.

That's the river we fell into (it).

Dacw'r afon (fem.) y syrthiasom ni iddi.

When the relative construction comes in the middle of the sentence the pattern is this:—

The cave (into which we went) was cold.

The cave (we went into it) was cold.

Yr oedd yr ogof (fem.) yr aethom iddi yn oer.

The villages (from which they came), were high in the mountains.

The villages (they came from them) were high in the mountains.

Yr oedd y pentrefi, y daethant ohonynt (Lesson 22), yn uchel yn y mynyddoedd.

Negative

The negative of the relative particle, like that of the relative pronoun is NA or NAD. (Na followed by aspirate mutation of C, P, T, soft mutation of G, B, D, LL, M, RH).

This is the man whose son is not a doctor : Dyma'r dyn nad yw ei fab yn feddyg.

This is the man whose son did not sing : Dyma'r dyn na chanodd ei fab.

Sentences in which the relative pronoun (in English) is governed by a preposition can be negatived in a similar manner:—

The treasure was in the cave into which we did not go : Yr oedd y trysor yn yr ogof nad aethom ni iddi.

These are the gardens in which there are no flowers : Dyma'r gerddi nad oes blodau ynddynt.

Exercise 1.   Read aloud in Welsh and translate into English :– 1. Clywais i'r gân a ganodd ef neithiwr (last night).   2. Dacw'r mynydd a ddringodd y bechgyn.   3. Y mae'r llythyr a gefais ddoe ar y silff.   4. Dyma fachgen nad aeth i ffwrdd gyda thrip yr ysgol.   5. Y mae'r robin goch yn aderyn na sydd yn mynd o'r wlad hon yn y gaeaf (winter).   6. Bum yn siarad â'r bobl na fyddant yn mynd ar eu gwyliau.   7. Y mae'r dyn a oedd wedi colli'r arian wedi ei gael ef yn awr.   8. Gwelais yr ardd y tyfodd y blodau hyn ynddi.   9. Y mae'r dyn yr euthum gydag ef i Gaerdydd yn byw yn ein stryd ni.   10. Dyma'r ceffylau na sydd yn rhedeg heddiw.

Exercise 2.   After checking your version, translate back into Welsh and check again.

Exercise 3.   Join together the following sentences by means of either A or SYDD :—1. Yr wyf i'n mynd i weld y dref. Y mae hi yn y cwm.   2. Gwelais y wraig. Yr oedd hi'n gweithio yn y siop.   3. Ysgrifennais lythyr at fy mrawd. Y mae ef yn byw yng Nghaerdydd.   4. Darllenodd ef y nofel. Rhoddodd Arthur hi i mi.   5. Clywsom raglen ddiddorol ar y radio neithiwr. Y mae yn y Radio Times.

Exercise 4.   Translate into Welsh :—1. He is the boy to whom I gave a book.   2. This is the man whose dog killed the sheep. 3. There is the bridge over which the car went last night. 4. Mr. Jones was the man who was not in the office yesterday. 5. This is the house that Jack built (adeiladu—to build).

THE PRESENT-FUTURE TENSE, THE IMPERATIVE

In Lesson 17 we saw how the Past Tense can be formed by adding endings to the 'stem' of the verb. The Present-Future Tense can be formed in the same way. This tense has certain qualities that are lacking in the corresponding periphrastic forms of the Future and Present Tenses. In the sentence: Byddaf yn darllen y llyfr hwn heno: I shall read this book tonight, we have the result of a conclusion arrived at over a period of time. In the sentence: Yr wyf i'n mynd i ddarllen y llyfr hwn heno: I am going to read this book tonight, we have the expression of intention. However in 'Fe ddarllenaf i'r llyfr hwn heno', we have determination or willingness or a promise, according to the setting or context.

In the Welsh marriage service, the clergyman asks:

A gymeri di . . . ? Wilt thou take . . . ?

The reply is Cymeraf, I will take, or Gwnaf, I will do so. The tense used here is the Present-Future Tense, the meaning of which is more often Future than Present.

Present-Future Tense of Darllen*

Darllenaf i: I will read.	Darllenwn ni: we will read.
Darlleni di: thou shalt read.	Darllenwch chwi: you shall read.
Darllen ef: he will read.	Darllenant hwy: they will read.
Darllen hi: she will read.	
Darllen y bachgen: the boy shall read.	Darllen y bechgyn: the boys shall read.

Negative Form : Ni ddarllenaf i, etc.

Question Form : A ddarllenaf i? etc.

A brynwch chwi docyn (tocyn), os gwelwch yn dda?: Will you buy a ticket, if you please? Prynaf : I will (buy), i.e. Yes.

The positive forms are often preceded by FE which involves soft mutation : Fe brynaf i, fe bryni di, fe bryn ef.

Special points

(1) There are many verbs whose third person singular in this tense undergoes a change of vowel, e.g.:—

agor, open; egyr ef, he opens; sefyll, stand; saif ef, he stands; aros, stay; erys ef, he stays; ateb, answer; etyb ef, he answers. A list of these verbs will be found in the appendix.

* In spoken, and quite frequently in written Welsh, the particles FE (S.W.) and MI (N.W.) precede these verbs which then undergo Soft Mutation, e.g. Fe/Mi ddarllenaf i.

(2) Sometimes, this tense has a Present meaning, e.g. using Sefyll (stand). Saif y tŷ ar lan y môr : the house stands at the side of the sea.

This is only a more compact way of saying:—

Y mae'r tŷ yn sefyll ar lan y môr.

(3) Gwybod (to know a fact), adnabod (to know a person). Welsh, like many languages, has two verbs 'to know'. These two verbs also have a present tense separate from the future:—

Gwybod : Present : gwn, gwyddost, gŵyr, gwyddom, gwyddoch, gwyddant.
(I know)

Future : gwybyddaf, gwybyddi, gwybydd, gwybyddwn, gwybyddwch, gwybyddant.
(I will know)

Adnabod : Present : adwaen, adwaenost, edwyn (adwaen), adwaenom, adwaenoch, adwaenant.
(I know)

Future : adnabyddaf, adnabyddi, adnebydd, adnabyddwn, adnabyddwch, adnabyddant.
(I will know)

The Imperative

Commands are issued in this tense:—

Darllenwch y papur! : (you) Read the paper!
Agorwch y drws! : (you) Open the door!
Eisteddwch i lawr! : (you) Sit down!

Gadael is used, too, in this way:—

Gadewch i ni fynd : (You) allow us to go = Let us go!

Commands in the Second Person Singular are usually the stem of the verb : Agor y drws! : Open (thou) the door! Eistedd yma : Sit (thou) here.

The Negative is introduced by Peidiwch â (or ag before a vowel). Peidiwch comes from the verb Peidio, to stop, to cease.

Peidiwch ag agor y ffenestr = (Cease from opening the window). Don't open the window.

Peidiwch â chau'r drws : Don't close the door.

Notice that â causes spirant mutation (C > CH, P > PH, T > TH).

Na or Nac is sometimes encountered before the Imperative:—

Na ladd : thou shalt not kill.

Imperative of BOD

Bydd, byddwch—be! Byddwch yn dawel! Be silent.
Byddwch cystal â dweud . . . Be as good as to tell . . .
Negative. Paid â bod, peidiwch â bod, be not!
      Peidiwch â bod yn ddiog! Don't be lazy!

Irregular Verbs

There are only five verbs with irregular forms which you must know: MYND, DOD, GWNEUD, CAEL and GWY-

BOD. Here are their Present (inflected tenses). Notice that
MγND and GWNEUD are very alike:—

MγND, to go	GWNEUD, to do, to make	DOD, to come	CAEL, to get, receive
Âf	Gwnâf i	Deuaf i or Dof i	Caf i, I shall (receive)
Ei di	Gwnei di	Deui di or Doi di	Ce di.
A ef	Gwna ef	Daw ef	Caiff ef.
Â hi	Gwna hi	Daw hi	Caiff hi.
Â'r bachgen	Gwna 'r bachgen	Daw'r bachgen	Caiff y bachgen.
Â'r bechgγn	Gwna 'r bechgγn	Daw'r bechgγn	Caiff y bechgγn.
Awn ni	Gwnawn ni	Deuwn ni or Down ni	Cawn ni.
Ewch chwi	Gwnewch chwi	Deuch chwi or Dowch chwi	Cewch chwi.
Ânt hwγ	Gwnânt hwγ	Deuant hwγ or Dônt hwγ	Cânt hwγ.

GWγBOD (to know) has already been given in this chapter and explained

A Note on Cael

Before a noun caf i or fe gaf i means I shall have (receive), e.g.:
  Fe gaf i anrhegion adeg y Nadolig : I shall have presents
    Christmas time.

Before a verb caf i or fe gaf i, etc., means I shall receive
permission to:—
  Fe gaiff hi ganu : she shall sing.

In the question form a gaf i, etc., means May I have? etc.:—
  A gaf i afal? May I have an apple?

Before a verb-noun it means May I?:—
  A gaf i agor y ffenestr? May I open the window?

Indirect Speech using the Present-Future Tense

'Deuaf adref yn gynnar heno', ebe Tom : 'I will come home
early tonight', says Tom.

He will come home early tonight : Daw ef adref yn gynnar
heno.

When the verb refers to the *future*, the word *y* 'that' is used
in Indirect Speech:—

Dywed Tom y daw ef adref yn gynnar heno : Tom says that
he will come home early tonight.

Dywed eich tad y cewch chwi aros yn hwγr heno i weld y teledu :
Your father says that you may stay late tonight to see the
television.

That . . . not is translated by *na* or *nad*:—

Dywed Tom *nad* â ef i'r gwaith yn gynnar yforγ : Tom says
that he will not go to work early tomorrow.

Dywed eich tad *na* chaiff eich chwaer aros i lawr yn hwyr :
Your father says *that* your sister shall *not* stay down late.

Note that the construction used with the Future Tense of the
verb 'to be' is as follows:—

Dywed ef y bydd yma am saith o'r gloch : He says that he
will be here at seven o'clock.

Credaf y byddaf yn gallu dod : I believe that I shall be able
to come.

Clywais na fyddwch chwi yno : I heard that you will not be
there.

Exercise 1.   Translate into English : [Dangos, to show; mur,
m, wall; banc m. bank; Dydd Llun, Monday; bwrw glaw, to
rain; rheolwr, manager; gadael, to leave; croesi, to cross; de,
right; chwith, left.)   1. Dangoswch eich gwaith i mi.   2. A
gaf i weld eich gwaith, os gwelwch yn dda? Cewch, dyma fe.
3. Peidiwch ag ysgrifennu ar y muriau.   4. Caf arian o'r banc
ddydd Llun.   5. Ni fyddwn ni yn mynd i lan y môr am ei bod
yn bwrw glaw.   6. Dywed y bachgen y bydd yn dod i'r ysgol bob
dydd.   7. Dywed y rheolwr y cewch adael y swyddfa yn
gynnar.   8. Dywed fy nhad na chaf fynd i'r sinema heno.
9. Os gwelwch yn dda, a gaf i fynd nos yfory? Cewch, wrth
gwrs (of course).   10. Peidiwch â chroesi 'r ffordd heb edrych
i'r dde a'r chwith.

[pasio, pass; arholiad, examination; caled, hard; anrheg,
gift; porfa, grass; cyngerdd f. concert.]

Exercise 2.   Translate into Welsh: 1. The paper says that
there will be no play tomorrow.   2. Tom says that there will
be no play today nor (nac) tomorrow.   3. He will not get up
early in the morning because he goes to bed late.   4. He believes
that he will pass the examination because he has worked hard.
5. She will go to Cardiff when (pan—soft mutation) she needs
(=will need) a new hat.   6. The children will get presents on
Christmas eve (eve=nos).   7. Do not walk on the grass.
8. If (Os) she will come to the concert, she shall (=be allowed
to) sing.

THE IMPERFECT TENSE

We saw in Lesson 13 how the Imperfect Tense (or Past Continuous Tense) of the verb BOD 'to be' was formed—Yr oeddwn i, yr oeddit ti, etc. The endings of this verb (+ai: third singular) : WN, IT, *AI*, EM, ECH, ENT may be added to the stems of other verbs to form their Imperfect Tense and thus to express what was customary in the past ('used to') or the 'future in the past' ('would') :—

Darllenwn i:I used to read.	Darllenem ni:We used to read.
I would read.	We would read.
Darllenit ti.	Darllenech chwi.
Darllenai ef.	Darllenent hwŷ.
Darllenai hi.	
Darllenai'r bachgen.	
Darllenai'r bechgŷn.	

This is the most 'regular' of all the tenses. Even the irregular verbs conform to the pattern of adding —WN, —IT, —AI, —EM, —ECH, —ENT to their stem, e.g.:—

MỤND (to go)	DOD (to come)	GWNEUD (to do)	CAEL (to get, receive)
Awn i	Deuwn i	Gwnawn i	Cawn i.
ait ti	deuit ti	gwnait ti	câit ti.
âi ef	deuai ef	gwnâi ef	câi ef.
âi hi	deuai hi	gwnâi hi	câi hi.
âi'r bachgen	deuai'r bachgen	gwnâi'r bachgen	câi'r bachgen.
âi'r bechgŷn	deuai'r bechgŷn	gwnâi'r bechgŷn	câi'r bechgŷn.
aem ni	deuem ni	gwnaem ni	caem ni.
aech chwi	deuech chwi	gwnaech chwi	caech chwi.
aent hwŷ	deuent hwŷ	gwnaent hwŷ	caent hwŷ.

Gwŷbod (to know): gwŷddwn, gwŷddit, gwŷddai, gwŷddem, gwŷddech, gwŷddent. I knew etc.

In addition to its Imperfect: Yr oeddwn i, yr oeddit ti, etc. (I was), *the verb BOD (to be)* has another *Imperfect of Habit or Condition*, meaning I used to be, I would be:—

Byddwn i: I used to be.	Byddem ni: we used to be,
I would be.	we would be.
byddit ti.	Byddech chwi.

byddai ef.   Byddent hwᵤ.
byddai hi.
byddai'r bachgen   byddai'r bechgyn.

Byddai Gwᵤn yn chwarae llawer yn yr ardd : Gwᵤn used to play a lot in the garden.

Dylwn i. The verb Dylwn i (I ought, I should) dylit ti, dylai ef, etc., although Imperfect in form is in effect Present:—
   Dylwn fᵤnd yno : I ought to go there.

Indirect Statements. In Indirect Statements (see Lesson 26) when the exact words spoken are in the Future Tense, the connecting word is y (before a consonant) or yr (before a vowel or h). The Future tense is replaced by the Imperfect (the Future in the Past) tense, i.e. 'He says: "I will" ' becomes 'He said that he would':—

Dywedodd y plismon: 'Byddaf i yn mᵤnd i'r sgwar'. The policeman said: 'I shall be going to the square'.

Dywedodd y plismon y byddai yn mᵤnd i'r sgwar. The policeman said that he would be going to the square.

Dywedais i: 'Deuaf gyda chwi'. I said: 'I will come with you'.

Dywedais yr awn i gydag ef. I said that I would go with him.

Negative

As with the Present and Past Tenses, the negatives NI, NID change to NA, NAD. The Future Tenses will become the Imperfect:—

Dywedodd y plismon: 'Ni fyddaf yn mᵤnd i'r parc'. : The policeman said: 'I shall not be going to the park'.

Dywedodd y plismon na fyddai ef yn mᵤnd i'r parc. The policeman said that he would not be going to the park.

Yr oeddwn i'n gwyᵤbod na ddeuai ef adref yn gynnar: I knew that he would not come home early.

Interrogative

Gofynnais iddi: 'A ddeui di am dro gyda mi?' I asked her: 'Will you come for a walk with me?'

Gofynnais iddi a ddeuai hi am dro gyda mi. I asked her whether she would come for a walk with me.

Thus the Imperfect Tense is used as the 'Future in the Past' in Indirect Speech:—

He said: 'I will see you tomorrow'. He said that he would see me the next day. Dywedodd ef y gwelai ef fi drannoeth. *or*
   He said that he would be seeing me the next day : Dywedodd y byddai ef yn fy ngweld i drannoeth.

I knew that he would not come. Yr oeddwn i yn gwybod na ddeuai ef.

The Pluperfect Tense

The Pluperfect Tense is used to describe an action in the past previous to some point of time which the speaker has in mind, e.g. 'By five o'clock I *had written* a dozen letters'. This may be described in Welsh as:—

Erbyn pump o'r gloch, yr oeddwn i wedi ysgrifennu dwsin o lythyrau.

Just compare these:—

Yr wyf i wedi ysgrifennu—I have written (Lesson 17).	Yr oeddwn i wedi ysgritennu—I had written.
Yr wyt ti wedi ysgrifennu—thou hast written.	Yr oeddit ti wedi ysgrifennu—thou hadst written.
Y mae ef wedi ysgrifennu—he has written.	Yr oedd ef wedi ysgrifennu—he had written.
Y mae hi wedi ysgrifennu—she has written.	Yr oedd hi wedi ysgrifennu—she had written.
Yr ydym ni wedi ysgrifennu—we have written.	Yr oeddem ni wedi ysgrifennu—we had written.
Yr ydych chwi wedi ysgrifennu—you have written.	Yr oeddech chwi wedi ysgrifennu—you had written.
Y maent hwy wedi ysgrifennu—they have written.	Yr oeddent hwy wedi ysgrifennu—they had written.

The *Pluperfect Tense* (Conditional) of regular verbs in Welsh may be expressed by means of an inflected tense consisting of the stem of the verb, together with Perfect Infix—as—and the endings of the Imperfect tense -wn, -it, -ai, -em, -ech, -ent, e.g.:—

Imperfect		*Pluperfect*	
darllenwn	..	darllenaswn i	: I would have read.
darllenit	..	darllenasit ti	: thou wouldst have read.
darllenai	..	darllenasai ef, hi	: he, she would have read.
darllenem	..	darllenasem ni	: we would have read.
darllenech	..	darllenasech chwi	: you would have read.
darllenent	..	darllenasent hwy	: they would have read.

Irregular Verbs

mynd	..	aethwn, —it, —ai, —em, —ech, —ent.
dôd	..	daethwn, —it, —ai, —em, —ech, —ent.
gwneud	..	gwnaethwn, —it, —ai, —em, —ech, —ent.
bod	..	buas-wn, —it, —ai, —em, —ech, —ent.

Pe buasit ti yma, ni fuasai farw fy mrawd.
If thou hadst been here, my brother had not died (=would not have died).

Yr haf, summer; y gaeaf, winter; weithiau, sometimes; teithio,

to travel; prynu, to buy; gwerthu, to sell; cinio m. dinner;
gwers f. lesson.]

Exercise 1.   Read aloud in Welsh and translate into English:—
1. Fe hoffwn i glywed y ferch yn canu.   2. Cerddai ef dros y
mynydd yn yr haf, yn y gaeaf âi ef gyda'r trên, weithiau teithiai
mewn bws.   3. Dylwn i ysgrifennu heno.   4. Dywedodd y
dyn y deuai bore yfory.   5. Dywedodd ef: 'Fe brynaf i gar
newydd'.   6. Dywedodd y prynai gar newydd.   7. Gwyddem
y gwerthai ei hen gar.   8. 'A ddowch i ginio gyda mi?' ebe'r
dyn wrth ei ffrind.   9. Gofynnodd i'w ffrind a ddeuai i ginio
gydag ef.   10. Dywedodd na ddeuai y dydd hwnnw ond y deuai
drannoeth.   11. Cyn mynd i'r gwely, dysgaswn y wers newydd.
12. Pe gofynnasech i mi, dywedaswn wrthych.   13. Yr oedd y
plant wedi darllen eu llyfrau.   14. Nid oeddent wedi gwneud
eu gwaith cartref.

Exercise 2.   After checking your version with the key,
translate back into Welsh.

EMPHASIS

The verb, being the most important word in the normal Welsh sentence, appears at the beginning:—

> Daeth ef yn gynnar : He came early.

Emphasis on a word other than the verb may be indicated by putting that word first in the sentence. This usage may perhaps be best illustrated in the question:—

> What (thing) is this? : (Pa) Beth yw hwn?

The answer Llyfr is substituted for Beth:—

> *Beth* yw hwn? : What is this?
>
> *Llyfr* yw hwn : A book (is this),

and comes first in the sentence, since the questioner is primarily concerned with the *identity of the object,* whereas the verb is of secondary importance. Notice that the English verb *is* is expressed not by MAE but YW or YDYW which couples and identifies 'this' with 'book'.

Similarly:

> Beth wyt ti? : What are you?
>
> Beth yw eich enw? : What is your name?
>
> Beth yw ef? : What is he?
>
> Meddyg yw ef : A doctor is he, i.e. he is a doctor.

Similarly:

> Yr Arglwydd yw fy mugail :The Lord is my shepherd.

Note the difference between these sentences:—

> Y mae ef yn feddyg.
>
> Meddyg yw ef or Meddyg ydyw ef.

The first is a plain statement of fact; the second a more emphatic statement : he is a *doctor* (not a lawyer or a schoolmaster). To translate the second into English, the word 'doctor' must be placed in italics to signify change of tone in voice. The form of the sentence signifies emphasis in Welsh. Hwn yw'r afal cochaf : *This* is the reddest apple.

When information is conveyed, this is the construction used:—

> Dinas yw Caerdydd : Cardiff is a city.
>
> Tref ar lan afon Tawe yw Abertawe : Swansea is a town on the banks of the River Tawe.
>
> Meddyg yn Llundain yw Dafydd : David is a doctor in London.

Note also : Mawr yw Diana yr Effesiaid : Great is Diana of the Ephesians.

Pwy?   Who?

Pwy yw hwn?	: Who is this?
Tom yw hwn.	: This is Tom.
Mab pwy* yw Tom?	: Whose son is Tom? (Son (of) who is Tom?)
Fy mab i yw Tom	: *My son* is Tom, i.e. Tom is *my son.*
Sut fachgen yw ef?	: What kind of boy is he?
Bachgen drwg yw ef	: He is a *bad* boy.

When BETH and PWY are not identified with a noun or pronoun, SYDD is used in the third person of the Present Tense. Note also that if WHO can be changed into WHO IS IT WHO, sydd is used after PWY :—

PWY SYDD YNA?	: Who is there?
Fi sydd yma	: It is I who is here.
Pwy sydd yn byw yma?	: Who lives here?
Mr. Bowen sy'n byw yma	: It is Mr. Bowen who lives here.
Llyfr pwy sydd ar y bwrdd?	: Whose book is on the table?
Llyfr Jac sydd ar y bwrdd	: It's Jack's book that is on the table.

Negative

Nid llyfr Jac sydd ar y bwrdd : It's not Jack's book that is on the table.

Similarly with SAWL or FAINT O (How much, how many) :—

Sawl lamp sydd yn yr ystafell? : How many lamps are there in the room?

Sawl ceiniog ⎱ sydd mewn swllt? : How many pennies
Faint o geiniogau ⎰ are there in a shilling?

Note that YW on the other hand is concerned with identifying or coupling things with each other. Dinas yw Caerdydd. Meddyg yw Dafydd. Mawr yw Diana. In the other tenses, this verbal distinction disappears :—

Pwy oedd ef?	: Who was he?
Tom oedd ef	: He was Tom. It was Tom. (Identity.)
Pwy oedd yma?	: Who was here?
Jac oedd yma	: It was Jack who was here.

Note the following sentences :—

Collodd y dyn ei fag ar y trên ddoe. (Normal, no emphasis) : The man lost his bag on the train yesterday.

Y dyn a gollodd ei fag ar y trên ddoe : It was *the man* (not the woman) who lost his bag on the train yesterday.

Ei fag a gollodd y dyn ar y trên ddoe. : It was *his bag* that the man lost on the train yesterday.

* Notice that by placing PWY after the noun mab, pwy means *whose?*

Ar y trên y collodd y dẉn ei fag ddoe. : It was *on the train* (not the bus) that the man lost his bag yesterday.

Ddoe y collodd y dẉn ei fag ar y trên. : It was *yesterday* (not today) that the man lost his bag on the train.

Note that the Relative particle 'Y' is used when an adverbial phrase (in the train) or adverb (yesterday) is emphasised :—

O ba le y daethant? O'r dwẉrain y daethant. : From where did they come? From the east they came.

AI

When a sentence beginning with any part of speech other than the *personal* form of the verb is turned into a question, the interrogative particle is AI (not A). (In other words, if the order of the sentence is such that an emphasised word or phrase comes before the verb.)

> Ai *llyfr* ẉw hwn?   : Is this *a book?*
> Ai *eich merch* ẉw hon?   : Is this *your daughter?*

Such questions, introduced by AI . . . ? are answered by IE (two syllables) YES, or NAGE, nid . . . No, . . . not.

Ai cloc ẉw hwn? Ie, cloc ẉw hwn : Is this a *clock?* Yes, this is *a clock.*

Ai llyfr Jac ẉw hwn? : Is this Jack's book?

Nage, nid llyfr Jac ẉw hwn. Llyfr Tom ẉw hwn : No, this is not Jack's book. This is Tom's book.

Note that NID is used after NAGE, whether the word that follows begins with a vowel or not.

Ai bws a welaist ti ar y sgwar? Nage, nid bws a welais i : Was it a *bus* you saw on the square? No, it was not a bus I saw.

Indirect Speech (Interrogative)

'Ai Jac a adeiladodd y tŷ hwn?' : Was it Jack who built this house?

Gofynnodd ai Jac a adeiladodd y tŷ. : He asked whether it was Jack who built the house.

The Welsh Bible

In Medieval Welsh and in the Welsh Bible this emphatic construction is used when no emphasis is intended, e.g.:—

Efe a atebodd ac a ddywedodd : He answered and said

A'r disgyblion a aethant : And the disciples went.

'That' in emphatic constructions is translated by MAI or TAW. (TAW is confined to S. Wales, MAI can be heard in North and South.)

Dywedodd ef *mai* (taw) Jac a adeiladodd y tŷ : He said *that* it was *Jack* who built the house.

Atebais *mai* deg o'r gloch oedd hi : I answered that it was *ten o'clock.*

MAI is negatived by NAD.*

Clywais nad Sion a oedd yno : I heard that it was not John who was there.

[Palas, palace; Brenhines, queen; morwr, sailor; milwr, soldier; caredig, kind; stori f. story.]

Exercise 1. Read aloud in Welsh and translate into English:—
1. Pwy sydd yn byw ym Mhalas Buckingham? Y Frenhines sydd yn byw yno. 2. Morwr yw ef ond milwr yw ei frawd. 3. Beth yw eich gwaith? Dysgu yw fy ngwaith. 4. Beth yw'r llyfr hwn? Llyfr Cymraeg yw ef. 5. Brawd pwy sydd yn byw yn y stryd nesaf? Brawd Siôn sydd yn byw yno. Dyn caredig yw ef 6. Pwy oedd yn byw yn y tŷ hwn? Fy nhad oedd yn byw ynddo. 7. Pwy ddywedodd y stori wrthych? Fy mam a ddywedodd wrthyf. 8. Sawl ceiniog sydd mewn swllt? Deuddeg ceiniog sydd mewn swllt.

Exercise 2. Translate the following sentences, placing the emphasis on the word in italics [Gwas plur. gweision, servant]
1. *Mr. Jones* bought the book in the town yesterday.
2. Mr. Jones bought *the book* in the town yesterday.
3. Mr. Jones bought the book *in the town* yesterday.
4. Mr. Jones bought the book in the town *yesterday.*
5. *The children* learn Welsh in school.
6. The children *learn* Welsh in school.
7. The children learn *Welsh* in school.
8. The children learn Welsh *in school.*
9. The *servants* used to work in the fields.
10. The servants *used to work* in the fields.
11. The servants used to work *in the fields.*
12. *The man* did not sing in the Eisteddfod.
13. The man *did not sing* in the Eisteddfod.
14. The man did not sing *in the Eisteddfod.*

Exercise 3. Translate the following interrogative sentences into Welsh, placing the emphasis on the words in italics:—
1. Is this *our train?* Yes, it is. 2. Is this *the teacher's book?* No, it is *my book.* 3. Was it *in the field* that John lost his books? No, it was not in the field that he lost his books. 4. I asked my father whether it was *he* who bought the house. 5. He said that the price of the book was *one shilling.* 6. You answered that it was *four o'clock.* 7. The old man said that he would like to live *in the country.* 8. Tom saw that his father had gone to *the village.* 9. We know that the shops close *at six o'clock.*

---

* There is an increasing tendency in speech to say taw for mai, and ni for nad.

THE IMPERSONAL FORM OF THE VERB

When interest is centred on the action, rather than upon the doer of the action, the impersonal form of the verb is used in Welsh. This is the counterpart of the Passive Voice in English.

The Present/Future form of the Impersonal is formed by adding IR to the stem of the verb, e.g.:—

Dywedud, to say : Dywedir : it is said.

Siarad, to speak : Siaredir Cymraeg yma : Welsh is spoken here.

(Note that 'i' in these endings changes a preceding –a– to –e–.)

Gweled or Gweld, to see. Gwelir craig fawr ar ben y mynydd hwn : a great rock is seen on top of this mountain.

In Lesson 16, the periphrastic form of the impersonal was used with personal pronouns. The IR form may be similarly used. Here are three ways of saying the same thing:—

(a) Yr wyf i'n cael fy ngweld

	(I am getting my seeing)	I am seen.
Caf fy ngweld	(I get my seeing)	I am seen.
Gwelir fi		I am seen.

(b) Y mae ef yn cael ei weld (He is getting his seeing) He is seen.

Caiff ei weld	(He gets his seeing)	He is seen.
Gwelir ef		He is seen.

Note that the IR form does not change whatever the person.

An alternative construction to Gwelir fi is Fe'm gwelir, where the particle Fe is placed before the verb and is followed by the pronoun. (See Lesson 15 and contractions after certain words.)

Gwelir fi	I am/shall be seen	Fe 'm gwelir i.
Gwelir di	thou art/wilt be seen	Fe 'th welir di.
Gwelir ef	he is/will be seen	Fe 'i gwelir ef.
Gwelir hi	she is/will be seen	Fe 'i gwelir hi.
Gwelir y bachgen	The boy is/will be seen	
Gwelir y bechgyn	The boys are/will be seen	
Gwelir ni	We are/shall be seen	Fe 'n gwelir ni.
Gwelir chwi	You are/will be seen	Fe 'ch gwelir chwi.
Gwelir hwy	They are/will be seen	Fe 'u gwelir hwy.

The doer of an action in the Impersonal form is expressed by 'gan' and its personal forms, e.g.:—

Dysgir Cymraeg gan yr athro : Welsh is taught by the teacher.

Gwisgir y wisg Gymreig ganddi hi : The Welsh costume is worn by her.

The Imperfect Impersonal is formed by adding ID to the stem of the verb, e.g. Gweled or Gweld : Gwelid. Dywedꝗd or Dweud : Dywedid.

Gwelid y bobl yn cerdded y strydoedd hꝗd hanner nos : The people could be seen/were seen walking the streets until midnight.

Dywedir y gwelid y bobl yn cerdded y strydoedd hꝗd hanner nos : It is said that the people could be seen/were seen walking the streets until midnight.

The Perfect Impersonal is formed by adding WꝲD to the stem of regular verbs, e.g. Gwelwꝗd:—

Gwelwꝗd llawer o bobl yn y neuadd : Many people were seen in the hall.

Clywꝗd y rhaglen gan filoedd o bobl : The programme was heard by thousands of people.

Ganwꝗd ef yn y flwꝗddꝗn mil naw cant a chwech : He was born in the year one thousand nine hundred and six (1906).

Ganwꝗd fi yn y tꝗ acw : I was born in the house yonder.

The Pluperfect Impersonal is formed by adding ASID to the stem (or SID to gwel-d, clyw-ed, etc.) :—

Llosgasid y llyfrau cꝗn iddo gyrraedd : The books had been burnt before he arrived.

The more usual form is the periphrastic:—

Yr oedd y llyfrau wedi (cael) eu llosgi cꝗn iddo gyrraedd : The books had been burnt (had got their burning), etc.

Impersonal forms of Irregular Verbs
(These forms are rare, except, perhaps, for gwneir (are made).)

	Present/Future	Imperfect	Perfect	Pluperfect
BOD, to be	ydꝗs, bydd.	oeddid / byddid	buwꝗd	buasid
MꝲND, to go	eir	eid	aed, aethpwꝗd	aethid
DOD, to come	deuir	deuid	daethpwꝗd	daethid
GWNEUD *or* GWNEU-THUR to make, do	gwneir	gwneid	gwnaed / gwnaethpwꝗd	gwnaethid

[Gwerth-u, to sell; ffermwr, farmer; ffair f., fair; llyfrgell f. library; math m., kind; hanes m., history; canu, play; telꝗn f harp; ymhob (yn pob), in every; noson f., evening; perllan f orchard; rhyfel m., war; caws m., cheese; llaeth m., milk.]

Exercise 1.   Read aloud in Welsh and translate into English:—
1. Gwerthwyd y ceffyl gan y ffermwr yn y ffair am ugain punt.
2. Fe'm dysgwyd gan athro da.   3. Darllenir llyfrau yn y
llyfrgell.   4. Gwerthir nwyddau o bob math yn y siop fawr.
5. Darllenir gennym mewn llyfrau hanes y cenid y delyn ymhob
noson lawen.   6. Dywedodd y plismon y gwelsid y bechgyn ym
mherllan y ffermwr.   7. Lladdwyd ef yn y rhyfel.   8. Fe'i
carwyd (or Fe'i cerid) hi gan ei phlant.   9. Eir yno gan lawer
yn yr haf.   10. Gwneir caws o laeth.   11. Cafwyd canu da
gan y côr neithiwr. (nwydd, m. article)

Exercise 2.   Check your version and translate back into Welsh.

THE SUBJUNCTIVE MOOD

The Subjunctive Mood usually denotes an action or condition as potential, hypothetical or conditional. This mood is very rarely used in spoken Welsh but has been used extensively by the best writers. Here are some of its uses:—

1. To express a wish.

    Da *boch* chwi   : May you be well, goodbye.
    Na *ato* Duw   : May God not allow it, i.e. God forbid.
    Llon *fo* eich Nadolig : May your Christmas be merry.
    With O na . . . would that . . .
        O na *byddai'n* haf o hɥd : Would that it were always summer.
        O na *bawn* i fel y nant   : Would that I were like the brook.
    Note the use of the English subjunctive 'were' in the above sentences.

2. To express indefinite future after temporal conjunctions such as PAN; when, whenever.

    Pan *welwɥf* : when I may see, whenever I see.
    TRA : while
    A thra *bo* calon dan fy mron, mi fyddaf i'n ffyddlon iti : And while there's a heart under my breast, I'll be faithful to thee.
    HɥD ONI, HɥD NES, NES Y, until
    Aros hɥd oni *ddelwɥf* : wait until I come.
    CYN (before) and WEDI (after).
    Cɥn delwɥf i Gymru'n ôl. : before I come back to Wales.

3. *Fel y,* so that (to denote purpose).

    Gollwng y dyrfa ymaith fel yr *elont* i'r pentrefi ac fel y *prynont* iddɥnt fwyd : Send the multitude away that they *may go* into the villages and that they *may buy* (to) themselves food.

4. In an *IF CLAUSE* of implied negation:—

    Pe *bawn* i'n frenin : If I were king (but I'm not).
    A phe *bai* gennɥf yr holl ffydd, fel y gallwn symud mynyddoedd : And though I have all the faith, so that I could move mountains. [Implied: I haven't the faith . . . I cannot move mountains.]

Tenses of the Subjunctive

The Subjunctive in Welsh has three tenses: (a) Present-Future, (b) Imperfect, (c) Pluperfect. The Imperfect and Pluperfect Subjunctive are identical in form with the Indicative of those tenses.

Present Subjunctive of BOD, to be

Byddwyf or bwyf i.	bydd-om or bôm ni.
Bydd-ych or bych di.	bydd-och or bôch chwi.
Bydd-o or bo ef.	bydd-ont or bônt hwy.

BOD has an Imperfect which is Subjunctive only :

Bawn i.	Baem ni.
Bait ti.	Baech chwi.
Bai ef.	Baent hwy.
Bai hi.	

This form is generally used with PE, pe bawn i : if I were, etc.

In Medieval Welsh a particle containing a T was interpolated between the PE and BAWN, etc. This has resulted in an alternative form : petawn i, petait ti, petâi ef, petâi hi, petaem ni, petaech chwi, petaent hwy, e.g. Fel petai : as it were.

Byddwn i yn hapus petaech chwi yma : I would be happy if you were here.

Present Future Subjunctive of Regular verb : Darllen, to read

Darllen-wyf i.	Darllen-om ni.
Darllen-ych di.	Darllen-och chwi.
Darllen-o ef.	Darllen-ont hwy.
Darllen-o hi.	

Irregular Verbs

MYND : to go	DOD : to come	GWNEUD: to make, do
elwyf i el-om ni el-ych di el-och chwi el-o ef el-ont hwy el-o hi	del-wyf i del-om ni del-ych di del-och chwi del-o ef del-ont hwy del-o hi	gwnel-wyf i gwnel-om ni gwnel-ych di gwnel-och chwi gwnel-o ef gwnel-ont hwy gwnel-o hi

Cael : to get, receive	Gwybod : to know (a fact)	Adnabod : to know (a person), to be acquainted with
caff-wyf i caff-om ni ceff-ych di caff-och chwi caff-o ef caff-ont hwy caff-o hi	gwyp-wyf i gwyp-om ni gwyp-ych di gwyp-och chwi gwyp-o ef gwyp-ont hwy gwyp-o hi	adnap-wyf i adnap-om ni adnep-ych di adnap-och chwi adnap-o ef adnap-ont hwy adnap-o hi

Irregular verbs preserve their subjunctive stems in the Imperfect.

Mynd .. elwn, elit, elai, elem, elech, elent.

Dod .. delwn, delit, delai, delem, delech, delent.

Cael .. caffwn, caffit, caffai, caffem, caffech, caffent.

Gwneud .. gwnelwn, gwnelit, gwnelai, gwnelem, gwnelech, gwnelent.

Gwybod .. gwỿpwn, gwỿpit, gwỿpai, gwỿpem, gwỿpech, gwỿpent.

Adnabod .. adnapwn, adnapit, adnapai, adnapem, adnapech, adnapent.

The two latter verbs have alternative forms—gwỿbyddwn, etc., adnabyddwn, etc.

Impersonal Forms

Present-Future of darllen : darllen-er.

Agorwch y llyfr fel y *darllener ef* : Open the book so that it may be read.

Imperfect Subjunctive Impersonal is the same as that of the Indicative, except for ELID, DELID, GWNELID.

Agorwỿd y llyfr fel y darllenid ef : The book was opened so that it might be read.

Exercise 1. Read aloud in Welsh and translate into English:—
1. Pan ddelo'r haf, caf weld hen gyfeillion. 2. Gwrandewch arnaf fel y dysgoch eich gwersi. 3. Pe bai gennỿf ddigon o arian, fe deithiwn o amgỿlch (around) y bỿd. 4. Cwsg hỿd oni alwỿf arnat. 5. Tra fo dŵr y môr yn hallt (salt) . . . mi fydda'n* ffyddlon iti. 6. Fe ddaw tywỿdd (weather) teg cỿn bo hir. 7. O na bâi heddwch drwỿ'r bỿd.

Exercise 2. Learn these expressions: 1. Duw gadwo'r Frenhines (God save the Queen). 2. Deued a ddelo (Come what may). 3. A laddo, a leddir (Who kills, will be killed). 4. Tra bo anadl dan fy mron, byddaf yn ffyddlon iti (as long as there is breath within my breast, I shall be faithful to you.) 5. Gwyn ei fỿd y dỿn a gaffo ddoethineb. (Blessed is the man who has wisdom.)

KEY

Lesson 21

Exercise 1. On the fifteenth of September I was sitting in my big chair and I was reading my paper. My son said: 'I am going to the cinema. Have you any money? I shall be going to Cardiff'. 'Yes', I said, 'Have you been a good boy yesterday?' 'Yes', he answered. In my coat pocket there wasn't a lot of money but I said: 'Here's one and six pence (18 pence)'. 'Thank you very much', said Gwilym. 'Now, I'm going at once, the

* Mi fydda'n =mi fyddaf i'n. The final 'f' is often lost.

bus goes at a quarter to two. We shall be back at six o'clock to have tea.' 'Has your mother gone out to see Mrs. Jones next door? She's better today and will be going to the factory tomorrow.'

Exercise 2. 1. My son is nine years old and my daughter six. 2. I'm forty years old. 3. There were twenty boys in this school. 4. He has three pence in his pocket. 5. Is there a church in Aberdare? Yes, there are three churches here and lots of chapels. 6. We are staying in Aberystwyth for nine days. 7. There are seven days in a week. 8. There are four weeks in a month. 9. There are twenty shillings in a pound. 10. There are twelve months in a year.

Lesson 22

Exercise 1. I went for a walk along the beach to the foot of the rock before breakfast. 2. The policemen ran across country to catch their man and caught him outside the door of our house. 3. I have not seen him for months. 4. He hid the treasure inside the house behind the fireplace. 5. Did he go to sleep before the fire after dinner instead of going on with his work? Yes. 6. I wrote to him without mentioning her. 7. His mother called him from the foot of the stairs and told him to get up. 8. We did not ask them to come for a ride with us in our car. 9. We listened to the radio for two hours last night but tonight we shall look at the television programmes. 10. Do not bring (lit. stop from bringing) too much money on your journey.

Exercise 2. Aethant hwч am dro a daethant hwч yn ôl erbчn tri o'r gloch. 2. A redodd ef hчd at y pentref, heibio i'r llythyrdч a thros* y cae rhwng yr eglwчs a'r capel a dod† yn ôl? Naddo. 3. A fyddwch chwi yn ysgrifennu atчnt a gofчn† iddчnt gwrdd‡ â 'r trên? 4. Gwrandawsant arno yn siarad am ddwч awr a hanner ac wedчn blinasant arno ef. 5. Ysgrifennodd ef lyfr er mwчn Cymru a'r Gymraeg. 6. Aeth hi adref hebddo ef. 7. Galwasom ni arno ef yn gynnar. 8. Ysgrifennais i lythчr at y bachgen. 9. Ni ddaeth ef â'i ffrind atom. 10. A oedd ef yn chwerthin am fy mhen i?

Lesson 23

Exercise 1. 1. I want to learn Welsh. 2. Welsh books are needed to learn to read Welsh and I want to hear much Welsh. 3. Do you want supper? Yes, I want supper. 4. They do not want to

---

* Aspirate mutation after A (and), Â (with, as), gyda (with), tua (towards).
† Verb-noun here as it is often considered more elegant than an inflected tense.
‡ Notice soft mutation of cwrdd.

go home.   5. He has a great longing for his country.   6. He
has a heavy cough.   7. Don't get up. We are about to go.   8. He
prefers singing/to sing/to working/rather than work.   9. They
will be thirsty by tea time.   10. She was afraid of the bull.
11. Tommy will have to sing for his supper.   12. Before you
go, we want to hear you play the piano.   13. Though I tried
to catch him, he fell.   14. While we were climbing the stairs,
my brother fell.   15. Did you desire to sing? Yes.

Exercise 2.   1. A fŷdd eisiau bara arnoch chwi? Bŷdd.
2. Y mae peswch trwm arno ef.   3. Yr oedd yn dda iawn
gennŷm ni glywed am ei lwŷddiant.   4. Yr oedd yn ddrwg
ganddŷnt hwŷ glywed am ei ddannoedd ef.   5. Y mae eisiau
mŷnd i weld y deintŷdd arni hi.   6. Y mae'n dda ganddi hi
weithio yn ei gardd hi.   7. Darllenodd y papur cŷn mŷnd.
8. Wedi darllen y llyfr, aeth ef allan i weld y ffilm newŷdd.
9. Aeth ef heb dalu a heb i neb ei weld ef.   10. Wrth iddŷnt
fŷnd i Gaerdŷdd, gwelsant hwŷ y ffatri newŷdd.

Lesson 24

Exercise 1.   1. He said that he lived in Cardiff.   2. The boys
said that they were going to play in the park.   3. I said that
I was happy.   4. The policeman noticed that the boys were in
the garden.   5. He went to school because he wanted to learn.
6. He did not stay at home although he was ill.   7. Why does
the man go to work? Because he wants money.   8. I am happy
because I am at home.   9. He went to bed because he was tired.
10. My mother heard that I played well (on) Saturday.   11. Do
you know that he has sold his car for £600?   12. The flowers
do not grow because it is not warm.   13. He was not wearing
his coat because it was not raining.   14. The teacher asked
whether the boy had learned his lesson.   15. I heard that he
had been there yesterday.

Lesson 25

Exercise 1.   1. I heard the song which he sang last night.
2. There is the mountain which the boys climbed.   3. The letter
which I received yesterday is on the shelf.   4. Here is a boy
who did not go away with the school trip.   5. The robin is a bird
that does not go from this country in the winter.   6. I talked
to the people who will not go on their holidays.   7. The man
who had lost the money has now found it.   8. I saw the garden
in which these flowers grew.   9. The man I went to Cardiff
with lives in our street.   10. These are the horses which are
not running today.

Exercise 3.   1. Yr wŷf i'n mŷnd i weld y dref sŷdd yn y
cwm.   2. Gwelais y wraig a oedd yn gweithio yn y siop.

3. Ysgrifennais lythyr at fy mrawd sydd yn byw yng Nghaerdydd.
4. Darllenodd y nofel a roddodd Arthur i mi. 5. Clywsom
raglen ddiddorol ar y Radio neithiwr sydd yn y Radio Times.

Exercise 4. 1. Dyma'r bachgen y rhoddais lyfr iddo. 2.
Dyma'r dyn y lladdodd ei gi y ddafad. 3. Dacw'r bont yr aeth
y car drosti neithiwr. 4. Mr. Jones oedd y dyn nad oedd yn
y swyddfa ddoe. 5. Dyma'r tŷ a adeiladodd Jac.

Lesson 26

Exercise 1. 1. Show your work to me 2. May I see your
work, please? You may. Here it is. 3. Do not write on the
walls. 4. I shall get (receive) money from the bank on Monday.
5. We shall not go to the seaside because it is raining.
6. The boy says that he will be coming to school every day.
7. The manager says that you may leave the office early. 8.
My father says that I shall not go to the cinema tonight. 9.
Please, may I go tomorrow night? You may, of course. 10.
Do not cross the road without looking to the right and left.

Exercise 2. 1. Dywed y papur na fydd dim chwarae yfory.
2. Dywed Tom na fydd chwarae heddiw nac yfory. 3. Ni fydd
yn codi yn gynnar yn y bore am ei fod yn hwyr yn mynd i'r
gwely. 4. Y mae ef yn credu y bydd ef yn pasio'r arholiad am
ei fod wedi gweithio yn galed. 5. Fe â hi i Gaerdydd pan
fydd arni eisiau het newydd. 6. Caiff y plant anrhegion ar
Nos Nadolig. 7. Peidiwch â cherdded ar y borfa. 8. Os daw
hi i'r gyngerdd, caiff ganu.

Lesson 27

Exercise 1. 1. I would like to hear the girl singing. 2. He used
to walk over the mountain in summer, in winter he used to
go by train, sometimes he used to travel in a bus. 3. I ought
to write tonight. 4. The man said he would come tomorrow
morning. 5. He said: 'I shall buy a new car'. 6. He said
that he would buy a new car. 7. We knew that he would sell
his old car. 8. 'Will you come to dinner with me?' said the
man to his friend. 9. He asked his friend whether he would
come to dinner with him. 10. He said that he would not come
that day but would come the next day. 11. Before going to
bed, I had learnt the new lesson. 12. If you had asked me, I
would have told you. 13. The children had read their books.
14. They had not done their home-work.

Lesson 28

Exercise 1. 1. Who lives in Buckingham Palace? The Queen
lives there. 2. He is a sailor but his brother is a soldier.
3. What is your work? My work is teaching. 4. What is this
book? It is a Welsh book. 5. Whose brother lives in the next

street? John's brother lives there. He is a kind man. 6. Who was living in this house? My father was living in it. 7. Who told you the story? My mother told me. 8. How many pennies in a shilling? There are twelve pennies in a shilling.

Exercise 2. 1. Mr. Jones a brynodd y llyfr yn y dref ddoe. 2. Y llyfr a brynodd Mr. Jones yn y dref ddoe. 3. Yn y dref y prynodd Mr. Jones y llyfr. 4. Ddoe y prynodd Mr. Jones y llyfr yn y dref. 5. Y plant a ddysg Gymraeg (or sydd yn dysgu) yn yr ysgol. 6. Dysg y plant Gymraeg yn yr ysgol. 7. Cymraeg a ddysg y plant yn yr ysgol. 8. Yn yr ysgol y dysg y plant Gymraeg. 9. Y gweision a weithiai yn y caeau. 10. Gweithiai'r gweision yn y caeau. 11. Yn y caeau y gweithiai'r gweision. 12. Nid y dyn a ganodd yn yr Eisteddfod. 13. Ni chanodd y dyn yn yr Eisteddfod. 14. Nid yn yr Eisteddfod y canodd y dyn.

Exercise 3. 1. Ai ein trên ni qw hwn? Ie, ein trên ni ydqw. 2. Ai llyfr yr athro qw hwn? Nage, fy llyfr i qw ef. 3. Ai yn y cae y collodd Siôn ei lyfrau? Nage, nid yn y cae y collodd ef ei lyfrau. 4. Gofynnais i'm tad ai ef a brynodd y tŷ. 5. Dywedodd mai swllt oedd pris y llyfr. 6. Atebasoch mai pedwar o'r gloch oedd hi. 7. Dywedodd yr hen ddyn mai yn y wlad y carai fqw. 8. Gwelodd Tom mai i'r pentref yr oedd ei dad wedi mynd. 9. Yr ydym ni yn gwybod mai am chwech o'r gloch y mae'r siopau yn cau.

LESSON 29

Exercise 1. 1. The horse was sold by the farmer in the fair for £20. 2. I was taught by a good teacher. 3. Books are read in the library. 4. Goods of all kinds are sold in the big store. 5. It is read by us in history books that the harp was played in every 'Noson Lawen' (lit. joyous evening, a kind of 'home' eisteddfod). 6. The policeman said that the boys had been seen in the farmer's orchard. 7. He was killed in the war. 8. She was loved by her children. 9. Many go there in the summer (lit. there is a going there by many). 10. Cheese is made from milk. 11. There was good singing by the choir last night (lit. good singing was had).

LESSON 30

Exercise 1. 1. Whenever the summer comes, I shall see old friends. 2. Listen to me so that you may learn your lessons. 3. If I had enough money, I would travel round the world. 4. Sleep until I call you. 5. As long as the water of the sea is salt, I will be faithful to thee. 6. Fine weather will come before long. 7. Would that there were peace throughout the world!

APPENDIX 1

The Regular Verb. DYSGU (to learn, learning).

Present-Future	Imperfect	Preterite	Pluperfect	Imperative	Participle
learn, I shall learn	I used to learn, I would learn	I learned	I had learned	dẏsg, learn	wedi dysgu, having learned
dysgaf	dysgwn	dysgais	dysgaswn	dysgwch, learn	
dysgi	dysgit	dysgaist	dysgasit	paid â dysgu, don't learn	ar ddysgu, on the point of learning
dẏsg	dysgai	dysgodd	dysgasai	peidiwch â dysgu, don't learn	
dysgwn	dysgem	dysgasom	dysgasem		
dysgwch	dysgech	dysgasoch	dysgasech		
dysgant	dysgent	dysgasant	dysgasent		

Subjunctive Mood. (Only tense different from Indicative is Present-Future Subjunctive.)

Present-Future

dysgwẏf, dysgẏch, dysgo, dysgom, dysgoch, dysgont.

BOD (to be) and the Periphrastic Tenses

Present	Future	Imperfect	Imperfect Habitual	Perfect	Preterite
I am	I shall be	I was	I used to be	I have learned	I learned
Yr wẏf i	Byddaf i	Yr oeddwn i	Byddwn i	Yr wẏf i wedi dysgu	Bûm i yn dysgu
Yr wẏt ti	Byddit ti	Yr oeddit ti	Byddit ti	Yr wẏt ti wedi dysgu	Buost ti yn dysgu
mae ef	Bẏdd ef	Yr oedd ef	Byddai ef	Y mae ef wedi dysgu	Bu ef yn dysgu
mae hi	Bẏdd hi	Yr oedd hi	Byddai hi	Y mae hi wedi dysgu	Bu hi yn dysgu
Yr ydẏm ni	Byddwn ni	Yr oeddem ni	Byddem ni	Yr ydẏm ni wedi dysgu	Buom ni yn dysgu
Yr ydẏch chwi	Byddwch chwi	Yr oeddech chwi	Byddech chwi	Yr ydẏch chwi wedi dysgu	Buoch chwi yn dysgu
maent hwẏ	Byddant hwẏ	Yr oeddent hwẏ	Byddent hwẏ	Ymaent hwẏ wedi dysgu	Buont hwẏ yn dysgu
Yr wẏf i yn dysgu	Byddaf fi yn dysgu	Yr oeddwn i yn dysgu	Byddwn i yn dysgu		
I am learning	I shall be learning	I was learning	I used to learn		

Participle Equivalents formed by verb-noun, governed by Prepositions

yn dysgu—learning; wedi dysgu—having learnt; cyn dysgu—before learning; heb ddysgu—without learning; trwy ddysgu—through learning, etc.

Pluperfect	*Further uses of BOD to form additional tenses :—*
I had learned.	Yr wyf i wedi bod yn dysgu.
Yr oeddwn i wedi dysgu.	I have been learning.
Yr oeddit ti wedi dysgu.	Yr oeddwn i wedi bod yn dysgu.
Yr oedd ef wedi dysgu.	I had been learning.
Yr oedd hi wedi dysgu.	
Yr oeddem ni wedi dysgu.	
Yr oeddech chwi wedi dysgu.	
Yr oeddent hwy wedi dysgu.	

Passive Voice (Impersonal forms) of Dysgu

Present-Future. Dysgir fi (I am/shall be taught). *Imperfect* : Dysgid fi (I was taught). Preterite Dysgwyd fi (I was taught).

Pluperfect : Dysgasid fi (I had been taught).

Subjunctive: Dysger fi (May I be taught.)

Endings of the Regular Verb

		1	2	3	1	2	3	Passive or Impersonal
Present-Future	I learn / I will learn	-af	-i	(a)	wn	wch	ant	-ir
Imperfect	I used to learn / I would learn	-wn	-it	-ai	-em	-ech	ent	-id
Preterite	I learned	-ais	-aist	-odd	-asom	-asoch	-asant	-wyd
Pluperfect	I had learnt	-aswn	-asit	-asai	-asem	-asech	-asent	-asid

Do not forget that Welsh alphabet order differs slightly from that of English. (See pages 11 and 12.)

Welsh Verbs (*see appendix on Irregular Forms)

adeiladu—to build.
adnabod—to know (a person), to be acquainted with.
*agor—to open.
anghofio—to forget.
  anghofio am—to forget about.
anfon—to send.
  anfon at—to send to (someone).
*aros—to stay, stop.
  aros am—to wait for.
arwain—to lead.
*ateb—to answer.

berwi—to boil.
blino—to tire.
  blino ar—to tire of.
  Blinais ar ddarllen—I got tired of reading.
  wedi blino—tired.
bod—to be.
bwrw—to strike, throw.
bwrw glaw—to rain.
bwra eira—to snow.
bwyta—to eat.
byw—to live. See Lesson 18.

*cadw—to keep.
  cadw rhag—to keep from.
cael—to get, have, receive, be allowed to (also used to for Passive Voice). See Lessons, 16, 18, and 26.
canu—to sing, play (an instrument).
cario—to carry.
caru—to love (the tender passion).
cau—to close.
*ceisio—to seek, try.
cerdded—to walk.
clymu—to tie.

clywed—to hear.
  clywed am—to hear about.
codi—to rise, get up, to raise.
cofio—to remember.
  cofio am—to remember (about).
  cofiais amdanynt—I remembered them.
*colli—to lose.
credu—to believe.
crio—to cry.
croesi—to cross.
cuddio—to hide.
curo—to strike.
  curo wrth—to knock at.
  Y mae rhywun yn curo wrth y drws—Someone is knocking at the door.
cyfarfod/cwrdd—to meet.
  cwrdd â—to meet.
  Cwrddais â 'm ffrind—I met my friend.
cwympo—to fall.
cychwyn—to start.
*cymryd—to accept, take.
cyrraedd—to reach.
*cysgu—to sleep.
chwarae—to play.
chwerthin—to laugh.
  Chwerthin am ben—to laugh at someone.
  Chwarddasom am ei ben ef—We laughed at him.
*dal—to hold, to catch.
  dal i—to keep on.
*dangos—to show.
  dangos i—to show (to someone).
darfod—to happen.
darllen—to read.
dawnsio—to dance.
dechrau—to begin.

*deffro—to wake.

digwydd—to happen.

diolch—to thank.

   diolch i (someone) am (for).

   Diolchais iddi—I thanked her.

dod (dyfod)—to come.

   dyfod yn—to become.

   Y mae ef wedi dyfod yn feddyg
   —He became a doctor.

dod â—to bring.

   Daeth â chyfaill gydag ef—
   He brought a friend with
   him.

dodi—to place.

dringo—to climb.

dwyn—to bring, to steal.

dylwn—I ought, I should.

   Dylwn fynd yno—I should
   go there.

{ dywedyd/dweud—to say.
   dweud wrth . . . am . . . :to
   tell (someone) to . . .
  dweud—
   Dywedais wrtho am fynd—I
   told him to go.

dysgu—to learn, teach.

ebe, eb, ebr—said, quoth. See
note, page 118.

edrych—to look.

edrych ar—to look at.

edrych am—to look for.

   Edrychais amdani ymhob-
   man—I looked for her
   everywhere.

eistedd—to sit.

ennill—to win.

*gadael—to leave, let.

   y mae hi wedi gadael i 'r botel
   syrthio—she has let the
   bottle fall.

gafael—to hold.

   gafael yn—to grasp.

Gafaelodd ef yn fy llaw—He
   grasped my hand.

gallu—to be able.

*galw—to call.

   galw ar—to call.

   Gelwais arno—I called him.

geni—to be born, give birth to.

gofyn—to ask.

   gofyn i—to ask (someone).

   gofynnais iddo ef am ddod
   gyda mi—I asked him to
   come with me.

   gofyn am—to ask for.

   aeth i ofyn i'r rheolwr am
   waith—he went to ask the
   manager for work.

golchi—to wash.

   ymolchi—to wash oneself.

gorffen—to finish.

gorwedd—to lie down.

gweithio—to work.

gweld—to see.

gwerthu—to sell.

gwisgo—to wear.

gwneud (gwneuthur)—to make,
do.

   gwneud i—to compel.

   Gwneuthum iddi hi ddod—
   I compelled her to come.

*gwrando—to listen.

   gwrando ar—to listen to.

   Gwrandewais ar y radio—I
   listened to the radio.

gwybod—to know (a fact).

hoffi—to like.

hwylio—to sail.

lladd—to kill.

*llosgi—to burn.

maddau—to forgive.

magu—to nurse.

marw—to die. See Lesson 18.

medd, meddai—says, said.

*meddwl—to think.

   meddwl am—think of.

   meddwl o—to have an opin-
   ion of.

medru—to be able.

mynd (myned)—to go.

   mynd am dro—to go for a
   walk.

   mynd yn—to become.

mynd â—to take.

   Euthum â Siôn i'r sinema—
   I took John to the cinema.

mynd at—to go towards.
mynd i—to go (in) to.

nofio—to swim.

*paratoi—to prepare.
pasio—to pass.
*peidio—to cease, stop.
  Peidio â (ag before vowels)—
  refrain from.
  Gofynnais iddo beidio â dod—
  I asked him not to come.
perthyn—to belong.
piau—who owns.
poeni—to worry, pain, tease.
pori—to graze.

priodi—to marry.
prynu—to buy.
  prynu gan—to buy from.

rhedeg—to run.
  rhedeg at—to run towards.
*rhoi—to give.
  rhoi i—to give to.
rhwyfo—to row.

*sefyll—to stand.
  sefyll arholiad—to sit for an
  examination.
*siarad—to speak.
  siarad â . . . am—to talk to . . .
  about . . .

Buom yn siarad am y tywydd
  —We were talking about
  the weather.
smocio—to smoke.
sylwi—to observe.
  sylwi ar—to notice.
  Sylwasom ar brydferthwch y
  wlad—We noticed the
  beauty of the country.
syrthio—to fall.

*taflu—to throw.
talu—to pay.
  talu am—to pay for.
  talu i—to pay to (someone).
*taro—to strike.
teimlo—to feel.
teithio—to travel.
*torri—to break, cut.
treulio—to spend, to wear out,
  to digest.
*troi—to turn
tyfu—to grow.
tynnu—to pull.

yfed—to drink.
ysgrifennu—to write.
  Ysgrifennu at—to write to.
  Ysgrifennais lythyr atoch
  ddoe—I wrote a letter to
  you yesterday.

APPENDIX 3

Adjectives

Feminine Forms are shown in brackets. To form the adverb, put YN before the mutated (Soft) form (except for the adjectives beginning with LL and RH).

Examples of formation of Adverbs are given below.

acw—yonder.
agored—open.
agos—near.
ail—second.
annwyl—dear.
anodd—difficult.
araf—slow.
arall—other (pl. eraill).

bach (fach)—small.
balch (falch)—proud, pleased.
braf—fine.
brith (fraith)—speckled.
brown (frown)—brown.
buan (fuan)—quick.
budr (fudr)—dirty.
brwnt (front)—dirty, cruel.
bychan (fechan)—small.
byr (fer)—short.

caled (galed)—hard.
caredig (garedig)—kind.
clir (glir)—clear.
coch (goch)—red.
creulon (greulon)—cruel.
crwn (gron)—round.
cryf (gref)—strong.
cyflym (gyflym)—swift.
cyfoethog (gyfoethog)— wealthy.
Cymreig (Gymreig)—Welsh.
cynnar (gynnar)—early.
cynnes (gynnes)—warm.
cyntaf (gyntaf)—first.
cysglyd (gysglyd)—sleepy.
chwith—left.

da (dda)—good.

de (dde)—right.
dewr (ddewr)—brave.
diddorol (ddiddorol)— interesting.
diog (ddiog)—lazy.
distaw (ddistaw)—silent.
doeth (ddoeth)—wise.
draw—yonder.
drud (ddrud)—expensive).
drwg (ddrwg)—bad, evil.
du (ddu)—black.

ffyddlon—faithful.

garw (arw)—rough.
glân (lân)—clean.
glas (las)—blue.
gofalus (ofalus)—careful.
gorau (orau)—best.
gwag (wag)—empty.
gwan (wan)—weak.
gwell (well)—better.
gwir (wir)—true.
gwlyb (wleb)—wet.
gwyllt (wyllt)—wild.
gwyn (wen)—white.
gwyrdd (werdd)—green.

hallt—salty.
hapus—happy.
hardd—beautiful.
hen—old.
hir—long.
hoff—fond.
hwyr—late.
hyfryd—pleasant.

iach—healthy.

152

ieuanc } young.
ifanc }
isel—low.

llawen (lawen)—cheerful.
lleiaf (leiaf)—smallest.
llond—full.
llwyd (lwyd)—grey.
llydan (lydan)—wide.

marw—(farw) dead.
mawr (fawr)—big, great.
melus (felus)—sweet.
mwy (fwy)—more, bigger.
mwyaf (fwyaf)—most, biggest.

neis—nice.
nes—nearer.
nesaf—nearest, next.
newydd—new.

oer—cold.

parod (barod)—ready.
perffaith (berffaith)—perfect.
pob—every, all.
poeth (boeth)—hot.
prif (brif)—chief.

prydferth (brydferth)—
    beautiful.

rhad (rad)—free, cheap.
rhyfedd (ryfedd)—strange.
rhyw—some, any.

sicr—sure.
siŵr—sure.
syml—simple.

tal (dal)—tall.
tawel (dawel)—quiet.
teg (deg)—fair.
tlawd (dlawd)—poor.
tlws (dlos)—pretty.
tost (dost)—ill.
trwm (drom)—heavy.

uchel—high.
unig—only, lonely.
unrhyw—any.

Examples of formation of Adverbs
cyflym (gyflym)—swift.
araf—slow.
yn gyflym—swiftly.
yn araf—slowly.

APPENDIX 4

Nouns (Plurals given in brackets).

Masculine

aber (-oedd)—estuary.
aderyn (adar)—bird.
afal (-au)—apple.
angel (angylion)—angel.
amser (-oedd)—time.
anadl (-au)—breath.
anifail (anifeiliaid)—animal.
annwyd (anwydau)—cold.
anthem (au)—anthem.
arglwydd (-i)—lord.
arholiad (-au)—examination.
arian—money.
ateb (-ion)—answer.
athro (anthrawon)—teacher,
    master.
aur—gold.
awst—August.
awyren—aeroplane.

baban (-od)—baby.
bachgen (bechgyn)—boy.
bag (-iau)—bag.
banc (-iau)—bank.
bara—bread.
bardd (beirdd)—bard, poet.
basn (-au)—basin.
bedd (-au)—grave.
Beibl (-au)—Bible.
beisicl (-au)—bicycle.
benthyg—loan.
bisged (-i)—biscuit.
blodeuyn (blodau)—flower.
bore (-au)—morning.
bore da—good morning.
brawd (brodyr)—brother.
brecwast—breakfast.
brenin (brenhinoedd)—king.
bron (-nau)—breast.
bryn (bryniau)—hill.
bugail (bugeiliaid)—shepherd.
bwced (-i)—bucket.
bwrdd (byrddau)—table.

Feminine

adeg (-au)—yr adeg—time
    (season).
afon (-ydd)—river.
anrheg (-ion)—gift.
awel (-on)—breeze.
awr (oriau)—hour.
awyr—air, sky.

baner (-i), y faner—banner, flag.
basged (-i), y fasged—basket.
bedwen (bedw), y fedwen—
    birch.
blwyddyn (blynyddoedd), y
    flwyddyn—year.
    blynedd (blwydd)—Lesson
    21.
braich (breichiau), y fraich—
    arm.
brenhines (breninesau), y
    frenhines—queen.
busnes (busnesion), y fusnes—
    business.
buwch (buchod), y fuwch—
    cow.

Masculine	*Feminine*
ꞵws (bysiau)—bus.	
ꞵwthṇn (bythynnod)—cottage.	
ꞵwʊd (-ʊdd)—food.	
ꞵʊd (bydoedd)—world.	
cae (-au)—field.	cadair (cadeiriau), y gadair—chair.
canol—middle.	calon (-nau), y galon—heart.
cap (-iau)—cap.	cân (caneuon, caniadau) y gân—song.
capel (-i)—chapel.	
car (ceir)—car.	carreg (cerrig), y garreg—stone.
ariad—love, sweetheart, darling.	caseg (cesig), y gaseg—mare.
cartref (i)—home.	cath (-od), y gath—cat.
castell (cestyll)—castle.	ceg (-au), y geg—mouth.
caws—cheese.	cegin (-au), y gegin—kitchen.
cosyn—a cheese.	ceiniog (-au), y geiniog—penny.
ceffyl (-au)—horse.	cloch (clychau), y gloch—bell.
cefn (-au)—back.	coeden (coed), y goeden—tree.
cert (ceirt)—cart.	coron (-au), y goron—crown.
ci (cẁn)—dog.	cot (-iau), y got—coat.
cinio—dinner.	craig (creigiau), y graig—rock.
cloc (-iau)—clock.	cwcw, y gwcw—cuckoo.
cof (-ion)—memory.	cwt (cytau), y gwt—tail.
coffi—coffee.	cyllell (cyllyll), y gyllell—knife.
coler (-i)—collar.	Cymraeg, Y Gymraeg—Welsh (language).
côr (corau)—choir.	Cymraes—Welshwoman.
cordyn (-ion)—cord, string.	Cymry—Welsh people.
cornel (i)—corner.	Cymru—Wales.
croeso—welcome.	cyngerdd, y gyngerdd—concert.
cwch (cychod)—boat.	chwaer (chwiorydd), y chwaer—sister.
cwestiwn (cwestiynau)—question.	
cwm (cymoedd)—valley.	
cwnstabl—constable.	
cwpan (-au)—cup.	
cwpanaid—cupful.	
cwpwrdd (cypyrddau)—cupboard.	
cyfaill (cyfeillion)—friend.	
Cymro (Cymry)—Welshman.	
chwant (-au)—desire.	
chwarter—quarter.	
chwarae (-on)—play, game.	
Chwefror—February.	
dant (dannedd)—tooth.	dafad (defaid), y ddafad—sheep.
darlun (-iau)—picture.	dannoedd, y ddannoedd—toothache.
darn (-au)—piece.	dawns (-iau), y ddawns—dance.
deintydd (-ion)—dentist.	de, y dde—south, right side.
dillad (pl.)—clothes.	

Masculine	Feminine
diolch—thanks.	desg (-iau), y ddesg—desk.
doethineb—wisdom.	dinas (-oedd), y ddinas—city.
dreser (-i)—dresser.	draig (dreigiau), y ddraig—
drôr—drawer.	dragon.
drws (drysau)—door.	dwylo—hands.
Duw—God.	
dŵr (dyfroedd)—water.	
dwsin (-au)—dozen.	
dwyrain—east.	
dydd (-iau)—day.	
dydd Sul—Sunday.	
dydd Llun—Monday.	
dydd Mawrth—Tuesday.	
dydd Mercher—Wednesday.	
dydd Iau—Thursday.	
dydd Gwener—Friday.	
dydd Sadwrn—Saturday.	
dyn (-ion)—man.	
eira—snow.	eglwys (-i), yr eglwys—church.
eisiau—want, need.	eisteddfod (-au), yr eisteddfod—
enw (-au)—name.	eisteddfod.
eroplên—aeroplane.	eos (-iaid), yr eos—nightingale.
ffermwr (ffermwyr)—farmer.	ffair (ffeiriau), y ffair—fair.
ffrind (-iau)—friend.	ffatri (ffatrioedd), y ffatri—
ffrwyth (-au)—fruit.	factory.
	ffedog (-au), y ffedog—apron.
	ffenestr (-i), y ffenestr—window.
	fferm (-ydd), y fferm—farm.
	ffilm (-iau), y ffilm—film.
	fflam (-au), y fflam—flame.
	ffon (ffyn), y ffon—stick.
	fforc (ffyrc), y fforc—fork (table).
	ffordd (ffyrdd), y ffordd—way.
	ffynnon (ffynhonnau), y ffynnon
	—well.
gaeaf (-au)—winter.	gafr (geifr), yr afr—goat.
gair (geiriau)—word.	gardd (gerddi), yr ardd—garden.
glaw (glawogydd)—rain.	geneth (genethod), yr eneth—
glo—coal.	girl.
glyn (glynnoedd)—valley.	glan (-nau), y lan—bank, shore.
gof (gofaint)—blacksmith.	gwal (-iau), y wal—wall.
golff—golf.	gwers (-i), y wers—lesson.
Gorffennaf—July.	gwisg (-oedd), y wisg—dress.
gris (grisiau)—step, stairs.	gwlad (gwledydd), y wlad—
groser—grocer.	country.
gwair—hay.	

Masculine	*Feminine*
gwaith (gweithiau)—work.	gwraig (gwragedd), y wraig—wife, woman.
gweithiwr (gweithwŷr)—worker.	gŵydd (gwŷddau), yr ŵydd—goose.
gwallt (-au)—hair.	gŵyl (gwŷliau), yr ŵyl—feast, holiday.
gwanwŷn—spring.	
gwartheg, pl.—cattle.	
gwas (gweision)—servant.	
gwelŷ (-au)—bed.	
gwenith, pl.—wheat.	
gwestŷ (-au)—hotel.	
gwin (-oedd)—wine.	
gwir—truth.	
gwlân—wool.	
gŵr (gwŷr)—man, husband.	
gwŷnt (gwyntoedd)—wind.	
haearn (hëyrn)—iron.	heol (-ydd), yr heol—road.
haf (-au)—summer.	het (-iau), yr het—hat.
halen—salt.	
hanes (-ion)—history.	
hanner (haneri)—half.	
hanner nos—midnight.	
hanner dŷdd—midday.	
haul—sun.	
heddiw—today.	
heddwch—peace.	
help—help.	
hiraeth—longing.	
hogŷn (hogiau)—lad.	
hwŷr—evening.	
hydref—autumn, October.	
ia—ice.	iaith (ieithoedd), yr iaith—language.
iechŷd—health.	iar (ieir), yr iar—hen.
Iesu Grist—Jesus Christ.	
inc—ink.	
Ionawr—January.	
llaetŷ—milk.	lamp (-au), y lamp—lamp.
llawr—ground.	
lle (-oedd)—place.	llan (-nau)—church, parish.
llestri—vessels, dishes.	llaw (dwŷlo), y llaw—hand.
lleth (-au)—lodging.	lleund (-au), y lleuad—moon.
lliw (-iau)—colour.	llong (-au), y llong—ship.
Lloegr—England.	llwŷ (-au), y llwŷ—spoon.
llongwr (llongwŷr)—sailor.	llyfrgell (-oedd), y llyfrgell—library.
llwŷddiant—success.	
llwŷn (-i)—grove.	
llwŷth (-au)—tribe.	
llyfr (-au)—book.	

Masculine	*Feminine*
llygad (llygaid)—eye.	
llyn (llynnoedd)—lake.	
llythyr (-au)—letter.	
llythyrdŷ—post office	
mab (meibion)—son.	mam (-au), y fam—mother.
map (-iau)—map.	marchnad (-oedd), y farchnad—market.
mat (-iau)—mat.	
math (-au)—kind.	merch (-ed), y ferch—daughter, girl.
meddyg (-on)—doctor.	
Medi—September.	mil (-oedd), y fil—a thousand.
Mehefin—June.	modryb (-edd), y fodryb—aunt.
menyn—butter.	
milwr (milwyr)—soldier.	
mis (-oedd)—month.	
mochyn (moch)—pig.	
môr (moroedd)—sea.	
morwr (morwyr)—sailor.	
munud (-au)—minute.	
mur (-iau)—wall.	
mynydd (mynyddoedd)—mountain.	
Nadolig—Christmas.	nant (nentydd), y nant—brook.
neb—no-one.	neuadd (-au), y neuadd—hall.
newydd (-ion)—news.	nofel (-au), y nofel—novel.
nwyddau, pl.—goods.	nos (-au), y nos—night.
nyth (-od)—nest.	noson (nosau, nosweithiau), y noson—evening.
oes (-au)—age.	ochr (-au), yr ochr—side.
ofn (-au)—fear.	ogof (-au), yr ogof—cave.
pant (-iau)—valley.	pêl (peli or pelau), y bêl—ball.
papur (-au)—paper.	perllan (-nau), y berllan—orchard.
parc (-iau)—park.	
parch—respect, reverend.	pib, y bib—pipe.
parlwr (parlyrau)—parlour.	plaid (pleidiau), y blaid—party.
parsel (-i)—parcel.	pobl (-oedd), y bobl—people.
pen (-nau)—head.	poced (-i), y boced—pocket.
pensil (-au)—pencil.	pont (-ydd), y bont—bridge.
pentref (-i)—village.	porfa (porfeydd), y borfa—grass, pasture.
peswch—cough.	
peth (-au)—thing.	potel (-i), y botel—bottle.
piano—piano.	punt (punnoedd), y bunt—pound.
plas (-au)—palace, mansion.	
plât (-iau)—plate.	
plentyn (plant)—child.	
plismon (plismyn)—policeman.	

Masculine   *Feminine*

pregethwr (pregethwqr)—
   preacher.
pris (-iau)—price.
prynhawn (-au)—afternoon.
pwll (pyllau)—pit, pool.

Rhagfhr—December.
rhaid—necessity.   rhaff (-au), y rhaff—rope.
rheolwr (rheolwhr)—manager.   rhaglen (-ni)—programme.
rhoshn (rhosynnau)—rose.   rhan (-nau), y rhan—part.
rhyfel (-oedd)—war.   rheol (-au), y rheol—rule.

radio—radio.
robin goch—robin.
rwber—rubber.

sgwâr—square.   Saesneg—English language.
siwgr—sugar.   sigaret—cigarette.
sôn (am)—mention (of).   sillf (-oedd), y sillf—shelf.
swllt (sylltau)—shilling.   sinema (sinemâu), y sinema—
swn—noise.   cinema.
swper (-au)—supper.   siop (-au), y siop—shop.
syched—thirst.   stori (storïau), y stori—story.
                                    storm (-ydd), y storm—storm.
                                    strqd (strydoedd), y strqd—
                                       street.
                                    swqddfa (swyddfeqdd), y
                                       swqddfa—office.

tacsi—taxi.   taith (teithiau), y daith—
Tachwedd—November.   journey.
tad (-au)—father.   teisen (-nau), y deisen—cake.
tafod (-au)—tongue.   telqn (telynnau), y delqn—harp.
tân (tanau)—fire.   tref (-i), y dref—town.
tarw (teirw)—bull.
tê—tea.
tebot (-au)—teapot.
tegell (-au)—kettle.
teledu—television.
tir (-oedd)—land.
tocqn (tocynnau)—ticket.
traeth (-au)—beach.
trên (trenau)—train.
trip—trip.
tro (troeon)—turn, walk.
troed (traed)—foot.
trysor (-au)—treasure.
twr (tyrau)—tower.
tŷ (tai)—house.
tywqdd—weather.

Masculine	*Feminine*
ŵq (wqau)—egg.	wqthnos (-au), yr wqthnos—week.
ymenqn—butter.	ynqs (ynysoedd), yr ynqs—island.
	ysgol (-ion), yr ysgol—school.
	ystafell (-oedd), yr ystafell—room.

APPENDIX 5

Conjunctions, Adverbs, etc.

a, who, which.
a, interrogative particle.
a, ac, and
â, ag, with (by means of).
â, ag, as (after comparative).
â, 3rd pers. sing. pres.-future
 of mynd—goes.
adref—homewards.
ai?—is it?
allan—out.
am—about, at, around, because.
ar gau—closed. ar agor—open.
ar ôl—after.
ar unwaith—at once.

beth (pa beth)—what?
ble (pa le, ymhle, ym mha le)—
 where?
bob amser—always.
braidd—almost.
bron—almost.
byth—ever (of future time).

chwi—you.
cyn—before; (in comparatives)
 as.

dacw—yonder is, are.
dan—under.
digon (o)—enough, plenty.
dim—anything.
do—yes. See Lesson 19.
doe—yesterday.
draw—yonder.
diolch—thanks.
dyma—here is, are.
dyna—there is, are.

ef—he, it.
⎰er—for, since, though.
⎱ers—since.
erioed—ever (past time).
eto—again, yet.

faint o—how much, many.
fe, after dyma, dyna, dacw—
 he, it.
fel—as, like.
felly—thus.
fel y—so that.
fe, particle (before verbs).
fi—me, I (used as object of
 verb and after impersonal
 verb—Gwelsant fi—they
 saw me. Dysgir fi—I am
 taught).

gartref—at home.
gormod (o)—too much.
gynt—formerly.

heddiw—today.
hefyd—also.
heno—tonight.
hi—she, it.
hun—self (pl. hunain) gwelais
 Ifan wrtho'i hun (I saw
 Evan by himself).
hwn, hon—this.
hwnnw, honno—that.
hwnt—yonder.
hwy—they.
hyn—these.
hynny—those.

iawn—very (after adjective)—
 da iawn, very good.
i ble—to where.
ie—yes. See Lesson 28.
i—'I', 'me' used as auxiliary.
 gennyf i, fy mhen i.
i fyny—up.
i ffwrdd—away.
i gyd—all.
i lawr—down.

lawer gwaith—often.

llawer (o)—much, many, a
    lot (of).

mai—that. See Lesson 28.
mi, particle before verbs.
mi—me, after simple preposi-
    tions gyda mi—with me.
mo (ddim o)—nothing of.
mor—as, so, how.

na, nac—no, not, nor.
na, nad—that . . . , not.
na, nag—than.
naddo—no. See Lesson 19.
nage—no. See Lesson 28.
neb—anyone.
neithiwr—last night.
nes—until.
neu—or.
ni—we.
ni . . . ddim—not.
ni . . . nac—neither, nor
ni . . . ond—only.

o ble—from where.
oblegid—because.
oherwydd—because.
ond—but, only.
os—if.

pa (beth)—what?
pa bryd—when?
pa le—where?
pam, paham—why?
pan—when (followed by soft
    mutation).
pawb—everybody.
pe—if.
ple—where.
pob—each, every.
popeth—everything.

prin—hardly.
pwy—who? (after a noun—
    whose?)

rhag—lest.
rhai—some, ones.
rhqw—some.
rhqwun—someone, anyone.
rhqwbeth—something,
    anything.
rhqwle—somewhere,
    anywhere.

sawl—how many?
sef—namely.
sut—how.

taw, that. See Lesson 28.
ti, di—thou.
tra—very.
trannoeth—next day.

wedi—after.
wedqn—afterwards.
weithiau—sometimes.
wrth—because, as.
wrth gwrs—of course.

y, yr, 'r—the.
ychydig (o)—a little of, few.
yforq—tomorrow.
yma—here.
ymaith—away.
ymlaen—forward.
yna, yno—there.
yna—then.
yn awr—now.
yrŵan—now.
yn ôl—back, ago.
yn wir—truly.

APPENDIX 6

Prepositions

â, ag—with, by means of.
am—for, at, about.
ar—on, upon.
ar draws—across.
ar hyd—along.
ar ôl—after.
at—towards.

cyn—before.

dan—under.
dros—over, through, across.
drwy—through.

er—for, since (a specified time).
erbyn—by, against.
   yn erbyn—against.
ers—since (unspecified time).
er mwyn—for the sake of.

gan—with, by, from.
ger—at, by, near.
gyda—together with.

heb—without.
heblaw—besides, apart from.
heibio i—past.
hyd at—as far as.

i—to, into.

mewn—in (with indefinite noun).

o—of, from.
o amgylch—around.
o dan—under.
oddi ar—from (on).
o'r blaen—before (of time).
o flaen—before (of space).

rhag—from, lest.
rhwng—between, among.

trwy—through.
tros—across.
tuag at—towards.

uwch ben—above.

wedi—after.
wrth—by, with, to.

yn, ym, yng—in (with definite noun).
ymhlith—amongst.
ymhen—within.
yn erbyn—against.
yn lle—instead of.
yn ymyl—close by, near.
y tu allan i—outside.
y tu draw i—beyond.
y tu mewn i—inside.
y tu ôl i—behind.

APPENDIX 7

Places mentioned

Aberdâr—Aberdare.
Abertawe—Swansea.
Bro Morgannwg—the Vale of Glamorgan.
Caerdydd—Cardiff.
Cymru—Wales.
Dolgellau—Dolgelly.
Glyn Ebwy—Ebbw Vale.

Gwlad yr Haf—Somerset.
Llanelli—Llanelly.
Lloegr—England.
Llundain—London.
Penybont—Bridgend.
Rhydychen—Oxford.
Tyddewi—St. David's.

SIROEDD A THREFI CYMRU

APPENDIX 8

The Mutations

	Radical	SOFT	NASAL	SPIRANT
C	Ceffӯl	ei Geffӯl his horse	fy NGHeffӯl my horse	ei CHeffӯl her horse
P	Pen	ei Ben	fy MHen	ei PHen
T	Tad	ei Dad	fy NHad	ei THad
G	Gardd	ei -ardd	fy NGardd	
B	Basged	ei Fasged	fy Masged	no change
D	Desg	ei DDesg	fy Nesg	
LL	LLong	ei Long		
M	Mam	ei Fam	no change	no change
RH	RHosӯn	ei Rosӯn		

Rules of Mutation

A. Soft Mutation

WITH NOUNS

1. Feminine Singular Nouns after the Article: y fasged.
   Exceptions LL and RH: y llong.   (Lesson 2.)
2. When object possessed is placed after GAN: y mae gennӯf
   i ardd.   (Lesson 8.)
3. After the prepositions AM, AR, AT, DROS, DRWӮ,
   DAN, I, WRTH, O, HӮD, HEB, GAN: am ddau o'r
   gloch.   (Lesson 11.)
4. After the predicative YN: y mae Caerdӯdd yn ddinas
   hardd.   Exceptions LL and RH.   (Lesson 12.)
5. After dyma, dyna, dacw: dyma ardd y ffermwr. (Lesson 12.)
6. After adjectives which precede the noun: hen gastell.
                                           (Lesson 13.)
7. After possessive adjectives dy, 'th (thy), ei, 'i, 'w (his),
   dy geffӯl, ei ben.   (Lessons 14 & 15.)
8. Object of an inflected verb: gwelodd geffӯl. (Lesson 17.)
9. After the numerals UN (fem. sing.), dau, dwӯ. (Lesson 21.)
   un geiniog, dau gant, dwӯ geiniog. Ll and Rh are
   exceptions after un.
10. After the ordinal numbers in feminine singular nouns:
    yr ail ferch, and masculine nouns after 'ail' only.

                                           (Lesson 21.)

11. After PA, RHɰW, pa lyfr, rhɰw le (passim).
12. Expressions of time and space: bob amser, ddoe.
13. When the subject or object following the verb is separated
    from it by an intervening word or phrase, the initial
    consonant of the subject or object is softened: y mae yno
    ddigon o bobl.

WITH ADJECTIVES

1. After feminine singular nouns: siop fach.   (Lesson 6.)
2. After the predicative YN: y mae'r afal yn goch. (Lesson 12.)
3. Adjectives turned into adverbs: y mae ef yn canu yn dda.
                                                     (Lesson 12.)
4. In comparatives after CɰN and MOR: mor wɰn, cɰn
    goched. Exceptions LL and RH.   (Lesson 20.)

WITH VERBS

1. After the particles FE, MI. FE fyddaf i.   (Lesson 10.)
2. After the negatives NI, NA. Ni fyddaf i ddim.
                                      (Lesson 10. See also Lesson 19.)
3. After the interrogative A. A fɰdd ef?   (Lesson 10.)
4. After the relative pronouns A. Dyma'r llythɰr a welais ddoe.
    NA. Dyma'r bachgen na fɰdd yn canu.   (Lesson 25.)
5. After the conjunction PAN: pan ddaeth.

Nasal Mutation
1. After FY: fy nhad.   (Lesson 14.)
2. After YN: yng nghornel yr ystafell.   (Lesson 14.)
3. Blwɰdd, blynedd, diwrnod after pum, saith, wɰth, naw,
    deng, deuddeng, pymtheng, ugain and its compounds:
    pum mlwɰdd oed, pum mlynedd, pum niwrnod.
                                                     (Lesson 21.)

Spirant (Aspirate Mutation)
1. After EI, 'I, 'W (her): ei thad.   (Lesson 15.)
2. After negative NI, NA: ni chlywais i'r dɰn.
                                                (Lessons 19 & 25.)
3. After NA with a comparative adjective: yn gochach na
    thân.   (Lesson 20.)
4. After tri, chwe, tri chant, chwe cheiniog.   (Lesson 21.)
5. After A (and), â (with, as), gyda, tua: a thros y cae.
                                                (Lesson 22—Key.)

Aspiration of Vowels
1. Vowels are aspirated after these possessive adjectives:
    'm (my), ei, 'i, 'w (her), ein, 'n (our), eu, 'u, 'w (their).
    a'm harian, ei henw hi, ein Harglwɰdd ni. (Lesson 15.)

APPENDIX 9

Verbs Irregular in 3rd Pers. Sing. of Present Tense

Verb	English	Present 1	Present 3	Past 1	Past 3
agor	open	agoraf	egyr	agorais	agorodd
anfon	send	anfonaf	enfyn	anfonais	anfonodd
aros	stay	arhosaf	erys	arhosais	arhosodd
ateb	answer	atebaf	etyb	atebais	atebodd
bwyta	eat	bwytâf	bwyty	bwyteais	bwytaodd
cadw	keep	cadwaf	ceidw	cedwais	cadwodd
ceisio	try	ceisiaf	cais	ceisiais	ceisiodd
colli	lose	collaf	cyll	collais	collodd
cymryd	take	cymeraf	cymer	cymerais	cymerth
cysgu	sleep	cysgaf	cwsg	cysgais	cysgodd
dal	hold	daliaf	deil	deliais	daliodd
dangos	show	dangosaf	dengys	dangosais	dangosodd
deffro	wake	deffroaf	deffry	deffrois	deffrôdd
gadael	let	gadawaf	gedy	gadewais	gadawodd
galw	call	galwaf	geilw	gelwais	galwodd
gwrando	listen	gwrandawaf	gwrendy	gwrande-wais	gwranda-wodd
llosgi	burn	llosgaf	llysg	llosgais	llosgodd
meddwl	think	meddyliaf	meddwl	meddy-liais	meddyliodd
paratoi	prepare	paratoaf	paratoa	paratois	paratôdd
peidio	stop	peidiaf	paid	peidiais	peidiodd
rhoi	give	rhof	rhydd dyry	rhois	rhodd (rhoes)
sefyll	stand	safaf	saif	sefais	safodd
siarad	speak	siaradaf	sieryd	siaredais	siaradodd
taflu	throw	taflaf	teifl	teflais	taflodd
taro	hit	trawaf	tery	trewais	trawodd
torri	break	torraf	tyr	torrais	torrodd
troi	turn	trof	try	trois	trôdd troes

Hen Wlad fy nhadau

Mae hen wlad fy nhadau yn annwyl i mi
Gwlad beirdd a chantorion, enwogion o fri,
El gwrol ryfelwyr, gwladgarwyr tra mad,
Dros ryddid collasant eu gwaed.
Gwlad, gwlad, pleidiol wyf i'm gwlad
Tra môr yn fur i'r bur hoff bau
O bydded i'r hen iaith barhau.

* a literal translation.

* Old land of my fathers

The old land of my fathers is dear to me
Land of poets and singers, famous men of renown,
Her brave warriors, very fine patriots,
For freedom they lost their blood
(My) land, (my) land, partial am to my land
While the sea (is) a wall to the truly loved land
O may the old language endure.

ENGLISH–WELSH VOCABULARY

(FOR THE ENGLISH–WELSH EXERCISES)

Numbers refer to Appendices : the learner should consult these for further information about the word.

A

able, to be—gallu, medru 2
about (=concerning)—am ... 6
above—uwchben 6
across—ar draws 6
aeroplane—eroplên, awyren .. 4
after—wedi, ar ôl 5–6
afterwards—wedyn 5
again—eto 5
against—yn erbyn 6
all (adj.)—i gyd, holl 5
allow, to—gadael 2
allowed, to be—cael 2
along—ar hyd 6
also—hefyd 5
although—er 5
amongst—ymhlith 6
and—a, ac 6
answer, to—ateb 2
answer—ateb 4
anthem—anthem 4
any—Lesson 9................. 9
anyone—neb 5
anything—dim 5
apart from—heblaw 6
apple—afal 4
April—Ebrill.
apron—ffedog 4
around—o amgylch 6
as—wrth 5
as . . . as—mor . . . â, cyn . . . â
                      Lesson 20
as far as—hyd 6
ask to—gofyn 2
at (of times)—am 6
at home—gartref 5
at once—ar unwaith 5
August—Awst 4
aunt—modryb 4

B

baby—baban 4
back—yn ôl................... 5
bad—drwg 3
bag—bag 4
ball—pêl 4
bank—banc (money) 4
bank—glan (river) 4
banner—baner 4
bard—bardd 4
basket—basged 4
be, to—bod 2
be able, to—gallu, medru ... 2
beach—traeth 4
be allowed, to—cael 2
beautiful—prydferth, 3 hardd 3
because—oherwydd, oblegid,
       am, gan ... Lesson 24
bed—gwely................... 4
before—cyn ....Lessons 22, 23
to begin—dechrau 2
behind—y tu ôl 6
believe—credu 2
bell—cloch 4
besides—heblaw 6
best—gorau 3
better—gwell (Lesson 20)...... 3
between—rhwng 6
beyond—y tu draw i 6
Bible—Beibl 4
bicycle—beisicl 4
big—mawr 3
birch tree—bedwen 4
bird—aderyn 4
biscuit—bisged 4
black—du 3
blue—glas 3
boat—cwch 4
boil, to—berwi 2

book—llyfr	4
born, to be—geni	2
bottle—potel	4
boy—bachgen	4
bread—bara	4
break, to—torri	2
breakfast—brecwast	4
breath—anadl	4
breeze—awel	4
bridge—pont	4
Bridgend—Penybont	7
bring, to—dyfod (dod) â	2
brother—brawd	4
brown—brown	3
bucket—bwced	4
build, to—adeiladu	4
burn, to—llosgi	2
bus—bws	4
business—busnes	4
but—ond	5
butter—ymenyn, menyn	4
buy, to—prynu	2
by—wrth (near), ger (near), â (instrument), erbyn (time)	6

C

cake—teisen	4
call, to—galw	2
cap—cap	4
car—car	4
Cardiff—Caerdydd	7
careful—gofalus	3
carefully—yn ofalus	3
carry, to—cario	2
castle—castell	4
cat—cath	4
catch, to—dal	2
cave—ogof	4
cease from, to—peidio â	2
chair—cadair	4
chair, to—cadeirio	2
chapel—capel	4
cheap—rhad	3
cheaply—yn rhad	3
cheerful—llawen	3
cheese—caws	4
chief—prif	3
child—plentyn	4
choir—côr	4
Christmas—Nadolig	4

church—eglwys	4
cigar—sigar	4
cigarette—sigaret	4
cinema—sinema	4
city—dinas	4
clean—glân	3
clear—clir	3
climb, to—dringo	2
clock—cloc	4
close, to—cau	2
closed—ar gau	5
coat—cot	4
coffee—coffi	4
cold, (adj.)—oer	3
cold, a—annwyd	4
colour—lliw	4
come, to—dyfod, dod	2
concert—cyngerdd	4
constable—cwnstabl	4
cord—cordyn	4
corner—cornel	4
cough—peswch	4
country—gwlad	4
course, of—wrth gwrs	5
cow—buwch	4
cross, to—croesi	2
crown—coron	4
cruel—creulon	3
cuckoo—cwcw	4
cup—cwpan	4
cupboard—cwpwrdd	4
cupful—cwpanaid	4
cut, to—torri	2

D

dance—dawns	4
dance, to—dawnsio	2
daughter—merch	4
dawn—gwawr, (fem.)	4
day—dydd	4
dear—annwyl	3
dead—marw	3
December—Rhagfyr	4
delighted, to be—mae'n llawen gennyf i, etc. ... Lesson 23	
dentist—deintydd	4
desk—desg	4
desire—chwant	4
die, to—marw	2
difficult—anhawdd, anodd ...	3

longing—hiraeth 4
look, to—edrych 2
Lord—Arglwydd 4
lose, to—colli 2
lot, a—llawer (o) 5
love, to—caru 2
low—isel 3

M

make, to—gwneud 2
man—dyn, gŵr 4
manager—rheolwr 4
many—llawer (o) 5
map—map 4
mare—caseg 4
marry, to—priodi 2
mat—mat 4
May (month)—Mai 4
may (be allowed)—cael........ 2
meet, to—cwrdd, cyfarfod ... 2
mention—sôn 4
merry—llawen 3
midday—hanner dydd 4
middle—canol 4
midnight—hanner nos 4
milk—llaeth 4
Monday—dydd Llun........... 4
money—arian 4
month—mis 4
moon—lleuad 4
more .... Lesson 20
morning—bore 4
most .... Lesson 20
mother—mam 4
mountain—mynydd 4
mouth (of river)—aber......... 4
move, to—symud 2
much—llawer (o) 5
much (=greatly)—yn fawr ... 3
much, too—gormod (o)........ 5
must—rhaid .... Lesson 23
my .... Lesson 14

N

name—enw 4
naughty—drwg 3
near—agos (adj.), 3 ; wrth, ger,
    yn ymyl (prep.) 6
necessity—rhaid 4

need—eisiau (Lesson 23)...... 4
new—newydd..................... 3
news—newyddion 4
next—nesaf 3
next day, the—trannoeth,
    drannoeth 5
next door—drws nesaf......... 3
nice—neis 3
night—nos 4
no............Lessons 4, 10, 19, 28
nor—na 5
not—ni (d) ... ddim........... 5
nothing of—mo (ddim o)
    Lesson 19
notice, to—sylwi ar 2
novel—nofel 4
November—Tachwedd 4
now—yn awr, yrŵan........... 5

O

o'clock—o'r gloch ... Lesson 21
October—Hydref 4
of................. Lessons 11, 23
office—swyddfa 4
often—lawer gwaith 5
old—hen (Lesson 20)........... 3
on—ar 6
once—unwaith ...... Lesson 21
once, at—ar unwaith........... 5
only—ni(d) ... ond, unig...... 3
open—ar agor ...... Lesson 3
open, to—agor 2
orchard—perllan 4
other—arall 3
ought—dylwn, etc.... Lesson 27
our—ein .... Lesson 14
out—allan 5
outside—y tu allan i 6
over—tros 6
owns—biau .... Lesson 25
Oxford—Rhydychen............ 7

P

paper—papur 4
park—parc 4
parlour—parlwr 4
pass, to—pasio 2
past—heibio i 6
past (time of day)—wedi 5

sit, to—eistedd 2
sleep, to—cysgu 2
slow—araf 3
small—bychan 3
smoke, to—smocio 2
snow—eira 4
soldier—milwr 4
Somerset—Gwlad yr Haf ... 7
sometimes—weithiau 5
so that—fel y 5
soon, as . . . as—cyn gynted â
Lesson 20
son—mab 4
song—cân 4
sorry, to be—y mae'n ddrwg
gennyf i .... Lesson 23
speak, to—siarad 2
speckled—brith 3
spend, to—treulio 2
square—sgwâr 4
stairs, pl.—grisiau 4
stand, to—sefyll 2
start, to—dechrau 2
stay, to—aros 2
St. David's—Tyddewi 7
still—eto 5
stone—carreg 4
stop, to—aros 2
stop from, to—peidio â 2
storm—storm 4
story—stori 4
stream—nant 4
street—stryd, heol 4
strike, to—taro 2
strong—cryf 3
success—llwyddiant 4
sugar—siwgr 4
summer—haf 4
sun—haul 4
Sunday—dydd Sul 4
supper—swper 4
sure—sicr, siwr 3
Swansea—Abertawe 7
sweet(ly)—melys, yn felys...... 3
swift—cyflym, buan 3
swim, to—nofio 2

T
table—bwrdd 4
tail—cwt 4

take, to (a person)—mynd â... 2
take, to—cymryd 2
talk, to—siarad 2
tall—tal 3
taxi—tacsi 4
tea—tê 4
teach, to—dysgu 2
teacher—athro 4
teapot—tebot 4
television—teledu 4
tell, to—dweud, dywedyd ... 2
than—na .... Lesson 20
thanks—diolch 4
that—hwnnw, honno Lesson 2
that (result) 5
their .... Lesson 14
then—yna, wedyn 5
there—yna, yno 5
there is, are—dyna............ 5
there is, are—y mae... Lesson 1
they—hwy 5
thirst—syched 4
this—hwn, hon (Lesson 2)... 5
thou—ti, di 5
though—er .... Lesson 23
thrice—tair gwaith; teirgwaith
Lesson 21
through—trwy, drwy........... 6
thus—felly 5
thy—dy .... Lesson 14
time—amser, adeg 4
tire, to—blino 2
tired—wedi blino
to (into)—i 6
to (towards)—at............... 6
today—heddiw 5
tomorrow—yfory 5
too much (of)—gormod (o) ... 5
tongue—tafod 4
tonight—heno.................. 5
tooth—dant 4
toothache—dannoedd 4
top—pen 4
towards: at—tuag at 6
tower—twr 4
town—tref 4
train—trên 4
tramp—tramp 4
travel, to—teithio 2
treasure—trysor 4
tree—coeden 4

Some selections from the G.C.E. Welsh papers of the Welsh Joint Education Committee.

(1) Translate into English. [W.J.E.C. Summer 1956 O3 (c)]

THE LAZY BOY

Bachgen diog oedd Dewi; nid oedd ef ddim yn hoff iawn o waith. Yn yr haf ni wnâi ef ddim byd ond eistedd yn yr haul. A phan fyddai 'r tywydd yn oer eisteddai o flaen y tân ac aros am ei fwyd.

Ond nid oedd mam Dewi ddim yn ddiog; yr oedd hi 'n gweithio 'n galed bob dydd. Yn y bore, ar ôl paratoi bwyd i Ddewi ac yna golchi 'r llestri, byddai hi'n glanhau pob ystafell yn y tŷ. Yn y prynhawn a'r hwyr âi hi allan i weithio yn yr ardd a rhoi bwyd i'r ieir.

'Mam,' ebe Dewi un dydd, 'mae arnaf i eisiau bwyd. Beth sydd i ginio?' ''R wyf i'n mynd i gael cawl,' atebodd ei fam, 'ond nid oes dim cawl i ti. Os wyt ti am gael cinio rhaid iti yn gyntaf weithio yn yr ardd am awr neu ddwy.'

A lazy boy was Dewi; he was not very fond of work. In the summer he used to do nothing at all (in the world) but sit in the sun. And when the weather was cold he used to sit in front of the fire and wait for his food.

But Dewi's mother was not lazy; she was working hard every day. In the morning, after preparing food for Dewi and then washing the dishes, she used to clean every room in the house. In the afternoon and evening she went out to work in the garden and give food to the hens.

'Mother,' said Dewi one day, 'I want some food. What's for dinner?' 'I'm going to have/get soup (broth),' answered his mother, 'but there's no soup for you. If you want to have dinner you must first work in the garden for an hour or two.'

[W.J.E.C. Summer 1956 O3 (c)]

THE COBBLER AND HIS WIFE

Amser yn ôl yr oedd crydd o'r enw Tomos. Yr oedd ef a 'i wraig yn byw mewn pentref yn y wlad. Byddai Tomos yn gwneud esgidiau a byddai ei wraig yn eu gwerthu yn y siop.

Un gaeaf oer cafodd Tomos annwyd trwm. Yr oedd yn rhaid iddo fynd i'w wely. Bu ef yn y gwely am wythnosau ac yn y diwedd nid oedd ganddo ef a 'i wraig ddim arian o gwbl. Un bore dywedodd Tomos wrth ei wraig. ''R wyf i'n mynd i godi y prynhawn yma i wneud pâr o esgidiau. Rhaid i ti werthu 'r esgidiau, ac yna bydd gennym ni arian i dalu am fwyd.'

Some time ago there was a cobbler of the name of Thomas. He and his wife were living in a village in the country. Thomas used to make shoes and his wife used to sell them in the shop.

One cold winter Thomas had a heavy cold. He had to go to his bed. He was in bed for weeks and in the end he and his wife had no money at all. One morning Thomas said to his wife, 'I am going to get up this afternoon to make a pair of shoes. You must sell the shoes and then we shall have money to pay for food.'

(2) Translate into Welsh. [W.J.E.C. 1958 Summer O3 (a)]

Gwyn has a dog—a small black dog called Carlo. Gwyn and Carlo often play in the garden. When Gwyn throws a ball, Carlo runs after it and carries it back to him.

One day Gwyn, who was standing near the house, threw the ball too far. It went over the wall and into a field, but as the wall was not very high Carlo was able to jump over it.

There were hens, sheep and cows in the field. Carlo looked at them and then decided to run after the hens, as they were making a great noise. 'Come back, Carlo!' said Gwyn, 'come back at once. You are a naughty dog!' 'No,' said the dog to himself, 'I shall not go back. I am going to have a good time in this field. I must drive all the hens into the next field. Then I shall drive all the sheep out of this field. But I shall not run after the cows. I never run after cows, because I am very fond of them.'

Y mae gan Wyn gi—ci bach du o 'r enw Carlo. Mae Gwyn a Charlo yn aml yn chwarae yn yr ardd. Pan mae Gwyn yn taflu pêl, mae Carlo yn rhedeg ar ei hôl ac yn ei chario 'n ôl iddo.

Un diwrnod taflodd Gwyn, a oedd yn sefyll ger y tŷ, y bêl yn rhy bell. Aeth dros y mur ac i gae ond gan nad oedd y mur yn uchel iawn medrodd Carlo neidio drosto.

Yr oedd ieir, defaid a buchod yn y cae. Edrychodd Carlo arnynt ac yna penderfynodd redeg ar ôl yr ieir, am eu bod yn cadw twrw (sŵn) mawr. 'Dere 'n ôl, Carlo!' ebe Gwyn, 'dere 'n ôl ar unwaith. Yr wyt yn gi drwg!' 'Na,' ebe'r ci wrtho ei hun, 'nid âf yn ôl. Yr wyf yn mynd i gael amser da yn y cae hwn. Rhaid i mi yrru 'r ieir i gyd i'r cae nesaf. Yna gyrraf y defaid i gyd o'r cae hwn. Ond ni redaf ar ôl y buchod. Ni fyddaf byth yn rhedeg ar ôl buchod, gan fy mod yn hoff iawn ohonynt.'

(3) Answer the following questions, using the first person singular, and making each answer a complete sentence:—

(i) A oeddech chwi yn eich ysgol ddoe?	Oeddwn, yr oeddwn i yn fy ysgol ddoe. *or* Nac oeddwn, nid oeddwn i etc.
(ii) A fuoch chwi ar ben yr Wyddfa?	Do, bum i ar ben yr Wyddfa. *or* Naddo, ni fum i ar ben yr Wyddfa.
(iii) A fyddwch chwi 'n gweld eich cyfaill heno?	Byddaf, fe fyddaf yn ei weld heno.
(iv) A welsoch eich brawd ddoe?	Do, gwelais fy mrawd ddoe.
(v) A ydych chwi 'n hoff o ganu?	Ydwyf, yr wyf yn hoff o ganu.

(4) *Write the plural forms of the following* :—

cyllell, awr, plentyn, chwaer.

cyllyll, oriau, plant, chwiorydd.

(5) *Complete the following passage by using the third person singular, past tense of the verbs in brackets, and making any necessary changes in mutation:*—

Un dydd (mynd) Alun â chyllell i 'r ysgol. Wedi iddo eistedd wrth y ddesg, (agor) y gyllell a (torri) ei enw ar y ddesg.

Un dydd *aeth* Alun â chyllell i 'r ysgol. Wedi iddo eistedd wrth y ddesg, *agorodd* y gyllell a *thorrodd* ei enw ar y ddesg.

(6) *Making the necessary changes in mutation put* yn *before the following:*—

Brycheiniog, gwaelod y cae.

ym Mrycheiniog, yng ngwaelod y cae.

(7) *Complete each of the following sentences by using the appropriate part of the word in brackets:*—

(i) Mae llyfr (gan) hwy.
(ii) Awn heb (hi).
(iii) Y mae Gwyn yn (drwg) na Dewi.

(i) Mae llyfr ganddynt hwy.
(ii) Awn hebddi hi.
(iii) Y mae Gwyn yn waeth na Dewi.

(8) *Answer the following questions, making each answer a complete sentence* :—

(i) Pa faint o ddiwrnodau sydd ym mis Ebrill?
(ii) Ai gwlad fawr yw Cymru?

(i) Y mae deng niwrnod ar hugain ym mis Ebrill.
(ii) Nage, gwlad fach yw Cymru.

Some points of Welsh Grammar which may worry the learner.

1. The difference between Ti and Chwi: Ti is used (1) by parents to their children, (2) by grown-ups to children, (3) among children, (4) by close friends, (5) when speaking to animals. (6) In prayer. Otherwise use chwi.

2. Whenever an adverb or a phrase intervenes between the verb and its subject, the latter undergoes soft mutation. Compare the following sentences:—

Y mae ci yno : y mae yno gi.

3. After dim or ddim, there is no mutation. Dim brecwast—
no breakfast (lit. nothing (of) breakfast).

4. If the word ddim is omitted in the negative form (this
frequently happens in written Welsh), soft mutation
takes place in the initial consonant of the noun:—
Nid oes gennyf i ddim bara.
Nid oes gennyf i fara.

5. A noun or verb-noun can be used as an adjective:—
pont bren (a wood bridge), drŵs cefn (a back door),
tân glô (a coal fire), cae chwarae (a playing field).

6. It is very common to write the adjectives in the singular
with a plural noun : plant tlws (or tlysion) : pretty
children.

7. Pan = when (not in questions!) is followed immediately by
the verb, the initial consonant of which undergoes soft
mutation. Pan ddaw ef—when he comes.

8. The object of all personal verbs undergoes soft mutation :
Gwelodd ef ddyn : He saw a man.

9. In sentences like 'y mae ef yn gweld dyn' where there is
the infinitive (verb-noun) form of the verb, there is no
mutation because the noun here is in the genitive case.

10. 'I shall have' + Past Participle = Byddaf i wedi + verb-
noun. Byddaf i wedi gweld : I shall have seen.

11. Byddaf, etc., is sometimes used to describe habitual actions
in sentences like this one:—
A fyddi di yn gweld dy dad weithiau? Are you in the
habit of seeing your father occasionally?

12. When only two persons or things are compared, the super-
lative is used. Mair yw'r dlysaf o'r ddwy ferch : Mair
is the prettier of the two girls.

13. Proper names of persons are rarely mutated.

14. Byddwn i : I used to be or I would be.
Buaswn i : I had been or I would have been.
Buaswn i 'n mynd pe byddai gennyf i arian : I would go
if I had money.

15. 'If' introducing a clause is translated by Pe when the verb
in the principal clause contains 'should' or 'would'. In
other cases use Os for 'if'.

16. 'Ago' = yn ôl. Flynyddau 'n ôl : years ago. Adverbial
expressions of time have their first consonant mutated.

17. What a good boy Tom is! : Dyna fachgen da yw Tom!
There's a pretty house for you! : Dacw i chwi dŷ tlws!

18. What's the matter? : Beth sydd yn bod?

19. How much, how many? : (Pa) faint o or (pa) sawl.

20. When? = Pa brŷd : when = pan.
21. digon o waith i'w wneud : plenty of work to do (it).
    cân anodd (f.s.) i'w chanu : a difficult song to sing (it).
    Gofŷn i'r dŷn beth yr oedd ef yn ei wneud : Ask the man
    what he was doing (it).
22. ar godi : about to get up ; am siarad : desirous of speaking,
    intending to speak ; heb fŷnd : without going ; i fŷnd :
    (supposed) to go.
23. Y mae ein tŷ ni heb ei orffen eto : our house is still
    unfinished (= without its finishing).
24. Y mae ef newŷdd fŷnd   : he has just gone.
    Y mae ef bron â gorffen : he has nearly finished.
25. Yr ydŷm ni yma ers deuddydd : we have been here for two
    days (= we are here since two days).
    Yr oeddem ni yno ers deuddŷdd : we had been there for
    two days (= we were there since two days).
26. bob amser : always, bore heddiw : this morning, dran-
    noeth : the day after.
27. Unless the subject of the verb is a personal pronoun, the
    verb is always in the third person singular.
    Gwelodd y bechgŷn fi : the boys saw me.
28. 'He was born' = (1) Ganwŷd ef, (2) cafodd ei eni, (3) Y mae
    wedi cael ei eni, (4) Y mae wedi ei eni.
29. With (= accompanying) = Gyda. Daeth y ci gyda'r gath :
    The dog came with the cat.
    With (denoting an instrument) = â. Torrodd yr afal â
    chyllell : He cut the apple with a knife.
    Both â (ag before vowels) and gyda take aspirate mutation.
30. fy hun, dy hun, ei hun, ein hunain, eich hunain, eu hunain :
    myself, thyself, himself or herself, ourselves, yourselves,
    themselves.
    Y mae ef yn ei dwŷllo ei hun : he is deceiving himself.
31. minnau (finnau, innau), tithau (dithau), yntau, hithau,
    ninnau, chwithau, hwŷthau (hwŷntau). : I also, thou also,
    he also, she also, we also, you also, they also.
    A ddoi dithau hefŷd gyda ni? : Will you also/too come with
    us?

A FAMILIAR WELSH FOLK SONG

Ffarwel i blwŷf Llangower,
A'r Bala dirion deg;
Ffarwel fy annwŷl gariad,
Nid wŷf yn enwi neb.

'Rwŷ'n mŷnd i wlad y Saeson
A'm calon fel y plwm
I ddawnsio o flaen y delŷn
Ac i chwarae o flaen y drwm.

Ffarwel.	Noun, singular, feminine—Farewell.
i.	Preposition—'to', always followed by the soft mutation.
blwŷf.	Soft mutation form of the noun 'plwŷf', masculine singular—parish.
Llangower.	Proper noun, masculine singular—of Llangower. Genitive case.
a.	Conjunction—and.
'r.	Definite article—'the', as used after a vowel.
Bala.	Proper noun—Bala (a town in Mid-Wales). Feminine singular.
dirion.	Soft mutation form of the adjective 'tirion'—gentle.
deg.	Soft mutation form of the adjective 'teg'—fair. Both these adjectives agree with the noun 'Bala'.
fy.	Prefixed personal pronoun. Always takes the nasal mutation—my.
annwŷl.	Adjective—'dear'; here used before the noun and causes the soft mutation of the following noun.
gariad.	Soft mutation form of the noun 'cariad'—lover, sweetheart. Feminine singular.
nid.	Negative adverb used before vowels—not.
wŷf.	First person singular, present tense of 'bod', to be—I am.
yn.	Used before the verb-noun in the compound tenses of the verb. Yn + verb-noun = English present participle. Yn enwi=naming.
enwi.	Verb-noun—to name.
neb.	Noun, masculine—no one, nobody.
'Rwŷ'n.	Yr wŷf yn—Present tense, first person singular of bod—I am.
mŷnd.	Verb-noun—to go. yn mŷnd=going.
i.	Preposition—to.
wlad.	Soft mutation form of gwlad after 'i'. Feminine noun, singular—land.
y.	Definite article—the.
Saeson.	Proper noun, masculine, genitive, plural of Sais—Englishman.
â.	Preposition—with.
'm.	Infixed personal pronoun, first person, singular—my.
calon.	Feminine noun, singular—heart.

fel.	Preposition—like.
y.	Definite article—the.
plwm.	Noun, masculine, singular—lead.
i.	to, in order to.
ddawnsio.	Verb-noun. Soft mutated form of 'dawnsio' after i— to dance.
o flaen.	Compound preposition—before (of place).
y.	the.
delyn.	Soft mutated form of noun 'telyn'. Feminine, singular—harp.
ac.	Conjunction. The form of a (and) used before vowels.
i.	to, in order to.
chwarae.	Verb-noun—to play.
y.	the.
drwm.	Noun, singular, masculine—drum.

GOLUD GWLAD MYRDDIN
(Gan T. Gwynn Jones)

From *Cymru 'n Galw*, Detholiad o Sgyrsiau Radio Cymraeg, 1936-7. Published in 1938. By permission of Gwasg Aberystwyth.

Nid bob amser y byddwn yn meddwl am Ddeheudir Cymru fel gwlad hynod am ei golygfeydd a'i phrydferthwch. Meddyliwn amdani yn hytrach fel gwlad y cymoedd culion poblog, sydd wedi ei hanurddo gan domennydd rhwbel a'i duo gan lwch glo; a'r cyfoeth glo sy'n gorwedd ynghudd yng nghoffrau ei mynyddoedd a'i bryniau fel yr unig gyfoeth a fedd. Ond darlun anghywir iawn a gawn o Ddeheudir Cymru'n gyffredinol wrth feddwl amdani felly; yn ymyl y cymoedd tywyll y mae dyffrynnoedd breision a broydd sy'n llawn o swyn a rhamant, lle mae gogoniant natur heb ei anrheithio gan ddiwydiant a masnach; ac o ran hynny fe geir o fewn yr ardaloedd diwydiannol hefyd lawer llecyn rhyfeddol o dlws.

Gwlad ramantus felly yw Gwlad Myrddin. I'r dwyrain o Sir Gaerfyrddin yn unig mae cyfoeth ei glo—yn Nyffryn Aman a Dyffryn Gwendraeth, ardaloedd y glo carreg. Mae newid mawr wedi digwydd yn y dyffrynnoedd hyn yn ystod yr hanner canrif diwethaf—newid mawr yn y dull o fyw, a chynnydd anferth mewn poblogaeth, fel yr agorwyd y gweithfeydd glo. Eto fe gollwyd llai o'r hen ogoniant o'r mannau hyn nag a wnaed mewn llawer ardal gyffelyb arall a ddaeth dan ddylanwad y Chwyldro Diwydiannol o fewn yr un cyfnod. Casglwn mai gwlad ffrwythlon goediog oedd bro Amanw pan fuwyd yn hela'r Twrch

Trwyth yno gynt; trigai'r ceirw yn fforestydd Dyffryn Gwen-
draeth pan aeth Gerallt Gymro ar ei daith y ffordd honno yn
niwedd y ddeuddegfed ganrif, a gwelodd ddefaid a gwartheg
yn pori'r arfordir rhwng Cydweli a'r môr. Ac er cymaint y
newid yn yr ardaloedd hyn erbyn heddiw mae llawer o bryd-
ferthwch a rhamant y dyddiau gynt yn aros o hyd.

Pe gofynnid i mi ddweud mewn gair beth yw golud pennaf
gwlad Myrddin, dywedwn mai amrywiaeth diderfyn ei golyg-
feydd yw. Gwylltineb ceunentydd, unigedd mynyddoedd,
braster dolydd, swyn glannau'r môr—y mae hyn i gyd eiddo
iddi. Sir Gaerfyrddin yw'r fwyaf o ran maint o holl siroedd
Cymru. Byddai cerdded o'i hamgylch fel y byddid gynt yn
cerdded terfynau fferm neu blwyf, yn golygu taith o ryw gant
a thrigain o filltiroedd i gyd. Ond nid ei maint ar hyd ac ar
draws, ond yr amrywiaeth a geir o'r naill ran i'r llall iddi a'i
gwna yn sir mor ddiddorol.

Gawn ni sefyll ennyd i edrych ar ddwy neu dair o'r golyg-
feydd gwahanol o'i mewn a sylwi ar eu hamrywiaeth a'u
gogoniant.

Fe ddisgynnwn, yn gyntaf, ym mhentre tlws Pumsaint, a
dilyn glannau Cothi, heibio i blas enwog Dolau Cothi, a'r
Ogofau, lle bu'r Rhufeiniaid gynt yn cloddio am aur, nes
cyrraedd Cwrtycadno; yna croesi ar hyd ffordd unig, ramantus,
i lan yr afon Tywi yn Rhandirmwyn. Diau na fu newid mawr ar
y wlad hon er y dyddiau y tramwyai'r Rhufeiniaid y ffordd
honno. Y llethrau'n llawn prysgwydd a choed o bob math, a'r
mynyddoedd uchel uwchben; a dim ond swn yr afon yn y cwm
oddi tanom i dorri ar y tawelwch dwfn. O Randirmwyn dilynwn
Tywi i'w tharddiad yn y mynyddoedd lle mae'r tair sir—Caer-
fyrddin, Ceredigion, a Brycheiniog—yn cwrdd. Wrth graig
ddanheddog serth gwelwn Ogof Twm Shon Cati, a heb fod
nepell oddi yno yng ngwely'r afon, mae'r cerrig mawrion hynny
a elwir Creigiau Tywi. Golygfa nad anghofiwn yw gweld 'berw
dwfr' yn trochioni rhwng y cerrig hyn wedi llifeiriant. Ychydig
yn uwch i fyny na'r Ogof, saif Capel Ystrad Ffin, ar lan Tywi,
yn un o'r mannau mwyaf rhamantus yng Nghymru gyfan. Capel
anwes oedd Ystrad Ffin. Bu Daniel Rowland, Llangeitho, yn
gweinidogaethu yno am dymor, a bu gan Ruffydd Jones,
Llanddowror, ysgol yno am ryw ddwy flynedd o amser. Yno
hefyd y priodwyd Howell Harris, Trefecca, ag Ann Williams
o'r Sgrin. I fyny yng nghanol y mynyddoedd y mae'r afonydd
a'r nentydd—Pysgotwr a Doethie, a Chamddwr, a Thywi—yr
afonydd sy'n fywyd a chynhaliaeth i'r boblogaeth brin sy'n byw
ar eu glannau. Dengys enwau'r ffermdai a geir yno mor ddibynnol
Ynt ar Nant y mynydd. Trawsnant, Nantneuadd, Nantyrhwch.

Nantstalwụn—dyna rai ohonụnt. Gogoniant cyffelụb i rai o fynyddoedd Gogledd Cymru ụw'r gogoniant a berthụn i'r enwau unig hụn.

Golygfa arall a gwahanol iawn yw honno a geir ymhen arall y sir, lle ffinia â Morgannwg. Cychwynnwn ein taith yma o Frụnaman ar hụd y ffordd sụ'n arwain i Langadog dros y Mynụdd Du. Mynyddoedd eto—ond nid mynyddoedd ysgythrog a cheunentụdd dyfnion fel y rhai a welsom o gwmpas Ystrad Ffin a blaen Tywi, ond mynyddoedd agored, eang a hawddgarach, yn ymestụn o'n blaen am filltiroedd lawer. Dringwn yn raddol nes cyrraedd pen y mynụdd, ac wedi croesi'r pen disgynnwn yn sydụn heibio i Dro'r Cwcw, a dyna'r olygfa yn newid ar unwaith. Gwlad eang, goediog o'n blaen a chymoedd rhyfeddol o dlws lle rhed afon Sawdde ac afon Brân. Ardal Gwụnfe ar ein cyfer, Llanddeusant yn uwch i'r lan, a thu draw i'r brụn y mae bro enwog Myddfai, ardal chwedl dlos Llụn y Fan a'r straeon swụnol am Feddygon Myddfai.

Golygfa wahanol eto ụw honno a geir o Ddyffrụn Tywi. Mae'r Dyffrụn yn hardd yr holl ffordd o Lanymddyfri hụd Gaerfyrddin, ond i'm tụb i, mae'r olygfa a geir ohono uwchben y Gelli Aur, o'r fan a elwir 'Golwg y Bụd' yr olygfa harddaf yn y wlad i gụd. Mae'r enw ynddo'i hun yn awgrụmiadol iawn, onid yw? 'Golwg y Bụd'. O'r tu cefn inni y mae Dyffrụn Aman a Dyffrụn Tawe, a Mynụdd y Betws a Mynụdd y Gwair yn eu gwahanu; yn is i lawr mae'r Mynụdd Mawr, a thu hwnt iddo Ddyffrụn Llwchwr yn ymagor i'r môr, a thref brysur Llanelli, a mwg eu ffwrneisiau yn esgụn i'r awụr; i fynụ i'r cyfeiriad arall mae Bannau Brycheiniog yn eu holl gadernid yn ymgodi y tu draw i'r Tair Carn a'r Mynụdd Du. Yna, ar ein cyfer ymhell ar y gorwelion y mae mynyddoedd Ceredigion, ac yn is i lawr wedụn gopaon mynyddoedd Penfro—y Frenni Fawr, a'r Frenni Fach. Ond y Dyffryn oddi tanom a rụdd liw a chyfoeth i'r darlun; ac fe'i gwelir ef yn ei holl ogoniant ar brynhawngwaith teg o Fai, fel heddiw—ffresni'r Gwanwyn ar bob llaw, a bywụd yn ymdorri ymhobman; Tywi megis llinụn arian yn ymestụn ar hụd y Dyffrụn; carped gwụrddlas o bob tu iddi; a llethrau coediog yn gefn i'r cwbl. Mae Parc Gelli Aur a'i goed urddasol oddi tanom; i fynụ'r Dyffrụn y mae hen gastell enwog Dinefwr, cartref tywysogion y Deheubarth gụnt, yn sefụll ar graig uchel ynghanol clwstwr o goed, ac fel petai'n gwụlio'r afon ar ei thaith tua'r môr. Ar ein cyfer y mae Brụn Crongar, lle bu unwaith hen wersụll Brythonig, a thipụn yn is i lawr ceir olion Castell Dryslwụn, a Thywi'n llifo'n hamddenol wrth droed y graig y codwụd yr hen gastell arni. Gellir dilụn yr afon ar ei thaith am filltiroedd i lawr, heibio i ardal fwụn

Llanegwad a Nantgaredig ac Abergwili. Hamddenol yw ei
thaith, a llonydd ei hwyneb gan amlaf, er y gall hithau newid ei
thymer ambell dro a chodi megis cawr aruthr nes torri dros y
ceulannau a symud pontydd o'i blaen, fel y gwnaeth ryw bum
'mlynedd yn ôl pan ddinistriwyd Pont Dryslwyn bron yn llwyr,
ac y siglwyd seiliau pont hynafol Caerfyrddin. Codwyd pont
newydd wrth y Dryslwyn erbyn hyn; dymchwelwyd hen bont
Caerfyrddin hefyd, ac ymhen ychydig fisoedd bydd pont
newydd yn croesi Tywi i'r dref.

Ond ni welwn holl odidowgrwydd y wlad gyfoethog hon heb
wybod ei hanes a'i thraddodiadau. Ynddi fe sieryd y canrifoedd
o'r bron wrth y sawl sydd a'i glust yn ddigon tenau i glywed.
Mae'r cwrwglwyr a welwn yn pysgota ar hyd yr afon o Gaer-
fyrddin i Abergwili yn cysylltu ein meddwl ar unwaith â'r
cyfnod y trigai'r hen Gymry yn y tir. I'r enw Lladin a roes
y Rhufeiniaid i'r bryn uwchben yr afon, Maridunum, y rhaid
olrhain yr enw 'Caerfyrddin', er i chwedl dlos dyfu'n ddi-
weddarach am Fyrddin Ddewin sy'n cysylltu'r lle â' i enw ef.
Mae'r Hen Dŷ Gwyn ar Daf lle rhoid trefn ar gyfreithiau
Hywel Dda, wedi ei sgrifennu mewn llythrennau o aur yn
hanes Cymru. Cerddodd y Norman yn drwm dros y wlad a
cheir olion ei gestyll ymhob cwr ohoni. Cestyll Cydweli a
Llansteffan a Thalacharn i warchae glannau'r môr; Castell
Caerfyrddin wrth enau'r afon; Dryslwyn a Dinefwr tua chanol
y Dyffryn, a Charreg Cennen rhwng y bryniau, ar graig uchel
uwch ben afon Cennen.

Yn ysgil y castell daeth y priordy. Seiliwyd Priordy Caer-
fyrddin yn nechrau'r ddeuddegfed ganrif, ac yno bu'r Brodyr
Duon yn copïo Llyfr Du Caerfyrddin, casgliad rhyfeddol o
werthfawr o draddodiadau, hanes, a cherddi crefyddol ar fesur
cerdd. Yn ddiweddarach daeth y Brodyr Llwydion i'r dref a
sefydlu mynachlog yng Nghwrt y Brodyr, a thua'r un cyfnod y
seiliwyd Abaty enwog Tal-y-llychau. Cefn y Brodyr Llwydion
yng Nghaerfyrddin oedd Syr Rhys ap Thomas, o Abermarlais,
y milwr dewr ar faes Bosworth, ac yn eglwys hardd San Pedr
y gorwedd ei weddillion ef.

Wedi cyfnod llywodraeth y Cestyll, daw cyfnod y plastai—
Gelli Aur, Bronwydd, Rhydodyn a Dolau Cothi. I'r Gelli Aur
y dihangodd Jeremy Taylor rhag byddin Cromwell, ac yno yr
ysgrifennodd ei brif waith, *'Holy Living and Holy Dying'*.
Bu eraill a wnaeth gyfraniad i lenyddiaeth Saesneg yn trigo ar
lan Tywi; yn Aberglasney y tu arall i'r afon i'r Gelli Aur y
cartrefai'r bardd John Dyer; yn y Tŷ Gwyn, wrth droed Bryn
Llangynor, y bu byw Syr Richard Steele, y llenor, yn ystod ei
flynyddoedd olaf, a heb fod nepell oddi yno mae Penbryn,

cartref Syr Lewis Morris, awdur yr *'Epic of Hades'*. Gŵyr Cymru gyfan am Lanymddyfri a Llanddowror. Mae'n drist meddwl fod Hen Dŷ'r Ficer yn Llanymyddyfri yn adfeilio a'r ystafelloedd lle y goleuwyd 'Cannwyll y Cymru' yn dywyll a gwag. Tua phedair milltir o Lanymddyfri y mae ffermdy Pantycelyn, hen gartref William Williams ein prif emynydd, ac ym mynwent Llanfair-ar-y-bryn y mae man ei fedd. Ni ddeuwn i ben ag enwi'r gwŷr mawr yn hanes crefydd a dysg sydd a'u henwau'n gysylltiedig â phentrefi a llannau'r wlad. Yn eu plith y mae Stephen Hughes o Feidrym, Apostol Sir Gaerfyrddin; Peter Williams o Landyfaelog, y diwygiwr a'r esboniwr; a'r emynwyr Dafydd Jones o Gaio, Morgan Rhys, Llanfynydd, Tomos Lewis, Tal-y-llychau, Dafydd Charles, Caerfyrddin, a llawer eraill. Erys eu dylanwad o hyd, a daw agwedd arall ar olud Gwlad Myrddin i'r golwg pan gofiwn am eu llafur diflino hwy, a'u cyfraniad mawr i lenyddiaeth a bywyd gorau Cymru.

THE RICHES OF MYRDDIN'S LAND

Not always do we think of South Wales as a land remarkable for its scenery and its beauty. We think of it rather as the land of narrow populous valleys, that have been defaced by rubbish tips and blackened by coal dust; and the coal riches that lie hidden in the coffers of its mountains and hills as the only riches it possesses. But we have a very inaccurate picture of South Wales generally in thinking of it thus; beside the dark valleys there are fertile vales and regions that are full of charm and romance, where the glory of nature has not been defiled by industry and commerce; and for that part there are found within the industrial areas also many remarkably beautiful spots.

The Land of Myrddin is such a romantic countryside. In the east of Carmarthenshire alone is the wealth of its coal—in the Aman valley and the Gwendraeth valley, the anthracite (stone coal) areas. Great change has taken place in these valleys during the last half-century—a great change in the way of life, and a tremendous increase in population, as the coal mines were opened. Yet less of the old glory was lost from these places than was done in many another similar locality, which came under the influence of the Industrial Revolution within the same period. We gather that the Aman Valley was a wooded fruitful land when there was a hunting of the Twrch Trwyth (the famous wild boar of the Mabinogion Tales) there long ago; the deer dwelt in the forests of the Gwendraeth valley when Gerald the Welshman went on his journey that way at the end of the twelfth century, and saw sheep and cattle grazing on the coastal plain between Kidwelly and the sea. And however much the change in these areas by today much of the beauty and romance of the olden days still remain.

If I were asked to say in a word what is the greatest wealth of the Land of Myrddin, I would say that it is the endless variety of its scenery. The wildness of ravines, the solitude of mountains, the fertility of dales, the magic of the sea-coasts— all this belongs to it. Carmarthenshire is the greatest in size of all the counties of Wales. Walking around it as one used to walk the boundaries of a farm or a parish, would mean a journey of some one hundred and sixty miles altogether. But it is not its size (along its) in length and breadth but the variety that is found from one part to the other that makes it such an interesting county.

May we tarry awhile to look upon two or three of the different views within it and notice their variety and their splendour?

We will alight first in the pretty village of Pumsaint and follow the banks of the Cothi, past the famous mansion of Dolau Cothi, and the caves, where the Romans once dug for gold, until (we) reach Cwr-y-Cadno; then cross along a lonely, romantic way to the banks of the River Towy in Rhandirmwyn. No doubt there has been no great change in this land since the days when the Romans tramped that way. The slopes full of bushes and trees of all kinds, and the high mountains above; and nothing but the sound of the river in the valley below us to break upon the deep silence. From Rhandirmwyn we follow the Towy to its source in the mountains where the three counties—Carmarthenshire, Cardiganshire and Breconshire— meet. Near a steep rugged cliff we see Twm Shon Cati's cave, and not far (literally, without being far) in the bed of the river, are those great stones called the Towy Rocks. A scene that we shall not forget is to see 'seething water' foaming between these stones after a flood. A little higher up than the caves stands the Chapel of Ystradffin, on the bank of the Towy, in one of the most romantic spots in the whole of Wales. Ystradffin was a Chapel of Ease. Daniel Rowland, Llangeithio, ministered there for a period, and Gruffydd Jones, Llanddowror, had a school there for about two years (of time). There too Howel Harris, Trefecca, was married to Ann Williams, from the Sgrin Up amidst the mountains are the rivers and the streams— Pysgotwr (Fishing Water) and Doethie, and Camddwr (Winding Water) and Towy—the rivers that are life and sustenance to the sparse population that dwells on their banks. The names of the farms found there show how dependent they are upon the mountain brook. Trawsnant, Nantneuadd, Nantyrhwch, Nantstalwyn—these are some of them. Glory similar to some of the mountains of North Wales is the glory which belongs to these lonely names.

Another and very different view is that which is found at the other end of the county where it is contiguous with Glamorgan. We start our journey here from Brynaman along the road which leads to Llangadog over the Black Mountains. More mountains —but not rugged mountains and deep ravines like those which we saw around Ystadffin and the Upper Towy but open, extensive and more amiable mountains stretching before us for many miles. We climb gradually until we reach the summit of the mountain and having crossed the top we descend suddenly past the Cuckoo's Turn and lo! the scene changes at once. A wide wooded country before us and wonderfully beautiful valleys where the rivers Sawdde and Bran run. The Gwynfe district opposite us, Llanddeusant higher up, and beyond the hill is the famous vale of Myddfai, the district of the beautiful legend of Llyn y Fan (The Van Lake) and the charming tales of the Physicians of Myddfai.

Another still different view is that which is obtained from the Vale of Towy. The vale is beautiful all the way from Llandovery to Carmarthen, but in my opinion, the view of it obtained from above the Golden Grove, from the spot which is called 'The View of the World' is the most beautiful view in the whole country. The name in itself is very suggestive, is it not? 'The View of the World'. Behind is the Aman Valley and the Tawe Valley, and the Betws Mountain and the Gwair Mountain dividing them; lower down is the Great Mountain, and beyond it the Lougher Valley opens out to the sea, and the busy town of Llanelly, with the smoke of its furnaces ascending to the sky; up towards the other direction are the Brecon Beacons in all their solidity rising beyond the Three Cairns and the Black Mountain. Then opposite us far on the horizons are the mountains of Ceredigion (Cardigan), and lower down again the peaks of the Pembrokeshire mountains—the Frenni Fawr and the Frenni Fach. But it is the valley below us that gives colour and wealth to the picture; and it is seen in all its splendour on a fine afternoon in May like today—the freshness of the spring on every side (hand) and life bursting everywhere; the Towy like a silver string stretching along the valley; a green carpet on each side of it; and wooded slopes a background to the whole. Golden Grove park and its stately trees are beneath us; up the valley is the famous old castle of Dynevor, the home of the princes of Deheubarth long ago, standing on a high rock amidst a cluster of trees, as though it were watching the river on its journey to the sea. Opposite us is the Grongar Hill where once there was a British camp, and a little lower down are found the ruins of Dryslwyn Castle and the Towy flowing leisurely at the foot of the rock on which the old castle was built. The river can be followed on its journey for miles down, past the gentle region of Llanegwad and Nantgaredig and Abergwili. Its journey is leisurely, and generally its surface is calm, although it, too, can change its mood occasionally like a terrible giant until it bursts its banks and moves bridges before it, as it did some five years ago when Dryslwyn Bridge was almost completely destroyed and the foundations of the ancient bridge of Carmarthen were rocked. By this time a new bridge has been built near the Dryslwyn; the old Carmarthen Bridge too has been demolished and within a few months a new bridge will cross the Towy to the town.

But we do not see the excellence of this rich country without knowing its history and its traditions. In it the centuries speak together to him whose ear is thin enough to hear. The coracle men whom we see fishing along the river from Carmarthen to Abergwili take our minds at once to the period in which the old Welsh lived. To the Latin name Maridunum, which the Romans gave to the hill above the river, must be traced the name 'Caerfyddin' although later a beautiful legend grew about Merlin the Magician, connecting the place with his name. Whitland (lit.—the Old White House on the Taff) where the laws of Howell the Good were put in order has been written in letters of gold in the history of Wales. The Norman trampled the country and the remains of his castles are found in every corner of it. The castles of Kidwelly and Llanstephan and Laugharne to guard the sea shores; the castle of Carmarthen at the estuary of the river; Dryslwyn and Dynevor about the middle of the valley and Carreg Cennen between the hills on a high rock above the River Cennen.

In the wake of the castle came the priory. Carmarthen priory was founded in the beginning of the 12th century and there the Black Friars copied the Black Book of Carmarthen, a wonderfully valuable collection of traditions, history and religious poems. Later the Greyfriars came to the town and founded a monastery in Friar's Court and about the same time was founded the famous Talley Abbey. The patron of the Greyfriars in Carmarthen was Sir Rhys ab Thomas of Abermarlais, the brave soldier on Bosworth Field, and his remains rest in the beautiful church of St. Peter.

After the period of the rule of the castles comes the period of the mansions—Golden Grove, Bronwydd, Rhydodyn and Dolau Cothi. To Golden Grove Jeremy Taylor escaped from the army of Cromwell and there he wrote his chief work '*Holy Living and Holy Dying*'. Others who made a contribution to English literature lived on the banks of the Towy; in Aberglasney the other side of the river to the Golden Grove dwelt the poet John Dyer; in the White House at the foot of Llangunnor Hill there lived Sir Richard Steele, the writer, during his last years; and not far from there is Penbryn the home of Sir Lewis Morris, the author of the *Epic of Hades*. The whole of Wales knows of Llandovery and Llanddowror. It is sad to think that the Old Vicar's House in Llandovery is falling to ruins and the rooms where the 'Welshman's Candle' was lit are dark and empty. About four miles from Llandovery is the farmhouse of Pantycelyn, the old home of William Williams, our chief hymn writer, and in the churchyard of St. Mary's on the Hill is his burial place. There is no end to the naming of the great men in the history of religion and learning whose names are connected with the villages and churches. Among them are Stephen Hughes of Meidrym, the apostle of Carmarthenshire; Peter Williams of Llandyfaelog; the reformer and commentator and the hymn writers Dafydd Jones of Caio, Morgan Rhys of Llanfynydd, Thomas Lewis of Talley, David Charles of Carmarthen and many others. Their influence still remains and another aspect of the wealth of the land of Myrddin comes into sight when we remember their untiring labour and their great contribution to literature and the best life of Wales.

T. GWYNN JONES.

SUGGESTIONS FOR FURTHER STUDY

1. Listen and watch as many Radio and Television programmes in Welsh as you can.

2. Buy a Welsh Bible and Hymn Book and listen to the Welsh religious services and join in the singing.

3. Buy a good dictionary such as *Y Geiriadur Newydd*, by H. M. Evans and W. O. Thomas, published by Llyfrau'r Dryw, Llandybie, Carmarthenshire.

4. For further language study with exercises, etc. read:

(*a*) *Beginner's Welsh*, Parts I and II, by Dr. Stephen J. Williams, published by Evans and Short, Tonypandy, Glamorgan.

(b) Another useful Grammar with exercises, key, etc., is *Welsh Made Easy*, Parts 1, 2, 3, by A. S. D. Smith (Caradar), published by Hughes and Son, Wrexham.

(c) *A Welsh Tutor* by Myrddin Jenkins, published by the University of Wales Press, Cardiff.

(d) The latter press also publishes a series of books in Welsh called *Dysgu Cymraeg*, Books 1, 2, 3, 4, 5, and a collection of little stories called *Storiau Pum Munud*.

(e) The University of Wales Press publishes a bilingual series with Welsh and English on opposite pages—a very useful series indeed.

(f) The Welsh League of Youth (Urdd Gobaith Cymru), Aberystwyth publishes a monthly magazine in simple Welsh called *Mynd*, which students would find most helpful.

(g) Two Welsh weekly newspapers, *Y Cymro* (Caxton Press, Oswestry, Shropshire) and *Y Faner* (Swyddfa'r Faner, Denbigh) may be ordered through your newsagent or direct by post.

In addition, remember that many Welsh novels are published annually. A comprehensive catalogue of Welsh books is published annually by the Union of Welsh Publishers and Booksellers and may be obtained from the Secretary, Welsh Books Council, Queen's Square, Aberystwyth.

You may also want some qualifications in Welsh. Why not try the General Certificate of Education? The Welsh Joint Education Committee, Cathedral Road, Cardiff, has special examinations in Welsh at C.S.E. and Ordinary Level (and also Advanced Level) for students whose mother language is not Welsh. The examinations are held in May and June each year. We have included in this book selections from past papers at Ordinary level together with a key so that you can test yourself. The oral aspect of learning the language is becoming increasingly more important, therefore you should try to listen to as much Welsh as you can and practise speaking it.